八字論命

蘇民峰

玄學錦囊

第六版

圓方出版社

自序

古云：「一命、二運、三風水，四積陰德五讀書」，又云：「不知命無以為君子」、「知命安命」、「樂天應命」。事實上，這都不是從消極而言，而是以積極的態度而言之，因為知命者從不會貪心妄取，縱遇逆境，亦不易出現偏差。就是遇到誘惑時，亦較能抗拒。但不知命之人，在遇上逆境之時，每每鬱鬱不歡，常自覺懷才不遇，常想為甚麼我比別人更具聰明才智，成就卻永不如人。又有一些出生貧苦的人，為走捷徑，想快一點達到目的，而不惜付出任何代價。但目的達到以後，他們往往會得不償失，心靈一生都備受困擾。這群人縱是表面風光，但內心卻極不平衡，終身活在惶恐之中。

知命之人盡人事、聽天命，盡量做好自己，希望待時運到時，或會有一番作為。即使一生平淡，無甚麼傑出的成就，也比較容易接受，所以我常抱着積極的態度去為人解決疑問。我並不是一個消極者，我相信你了解命運以後，都能做到。

蘇民峰

作者簡介

蘇民峰

長髮，生於一九六〇年，人稱現代賴布衣，對風水命理等術數有獨特之個人見解。憑着天賦之聰敏及與術數的緣分，對於風水命理之判斷既快且準，往往一針見血，疑難盡釋。

以下是蘇民峰這四十年之簡介：

八三年　開始業餘性質會客以汲取實際經驗。

八六年　正式開班施教，包括面相、掌相及八字命理。

八七年　毅然拋開一切，隻身前往西藏達半年之久。期間曾遊歷西藏佛教聖地「神山」、「聖湖」，並深入西藏各處作實地體驗，對日後人生之看法實跨進一大步。回港後開設多間店舖（石頭店），售賣西藏密教法器及日常用品予有緣人士，又於店內以半職業形式為各界人士看風水命理。

八八年　夏天受聘往北歐勘察風水，足跡遍達瑞典、挪威、丹麥及南歐之西班牙，隨後再受聘往加拿大等地勘察。同年接受《繽紛雜誌》訪問。

八九年　再度前往美加，為當地華人服務，期間更多次前往新加坡、日本，以至台灣地區等。同年接受《城市周刊》訪問。

九〇年　夏冬兩次前往美加勘察，更多次前往台灣地區，又接受當地之《翡翠雜誌》、《生活報》等多本雜誌訪問。同年授予三名入室弟子蘇派風水。

九一年　續去美加，以至台灣地區勘察。是年接受《快報》、亞洲電視及英國 BBC 國家電視台訪問。所有訪問皆詳述風水命理對人生的影響，目的為使讀者及觀眾能以正確態度去面對人生。同年又出版了「現代賴布衣手記之風水入門」錄影帶，以滿足對風水命理有研究興趣之讀者。

九二年　續去美加及東南亞各地勘察風水，同年BBC之訪問於英文電視台及衛星電視「出位旅程」播出。此年正式開班教授蘇派風水。

九四年　首次前往南半球之澳洲勘察，研究澳洲計算八字的方法與北半球是否不同。同年接受兩本玄學雜誌《奇聞》及《傳奇》之訪問。是年創出寒熱命論。

九五年　再度發行「風水入門」之錄影帶。同年接受《星島日報》及《星島晚報》之訪問。

九六年　受聘前往澳洲、三藩市、夏威夷及東南亞等地勘察風水。同年接受《凸周刊》、《壹本便利》、《優閣雜誌》及美聯社、英國MTV電視節目之訪問。是年正式將寒熱命論授予學生。

九七年　首次前往南非勘察當地風水形勢。同年接受日本NHK電視台、丹麥電視台、《置業家居》、《投資理財》及《成報》之訪問。同年創出風水之五行化動土局。

九八年　首次前往意大利及英國勘察。同年接受《TVB周刊》、《B International》、《壹週刊》等雜誌之訪問，並應邀前往有線電視、新城電台、商業電台作嘉賓。

九九年　再次前往歐洲勘察，同年接受《壹週刊》、《東周刊》、《太陽報》及無數雜誌、報章訪問，同時應邀往商台及各大電視台作嘉賓及主持。此年推出首部著作，名為《蘇民峰觀相知人》，並首次推出風水鑽飾之「五行之飾」、「陰陽」、「天圓地方」系列，另多次接受雜誌進行有關鑽飾系列之訪問。

二千年

再次前往歐洲、美國勘察風水，並首次前往紐約，同年 masterso.com 網站正式成立，並接受多本雜誌訪問關於網站之內容形式，及接受校園雜誌《Varsity》、日本之《Marie Claire》、復康力量出版之《香港 100 個叻人》、《君子》、《明報》等雜誌報章作個人訪問。同年首次推出第一部風水著作《蘇民峰風生水起（巒頭篇）》、第一部流年運程書《蛇年運程》及再次推出新一系列關於風水之五行鑽飾，並應無線電視、商業電台、新城電台作嘉賓主持。

○一年

再次前往歐洲勘察風水，同年接受《南華早報》、《忽然一週》、《蘋果日報》、日本雜誌《花時間》、NHK 電視台、關西電視台及《讀賣新聞》之訪問，以及應紐約華語電台邀請作玄學節目嘉賓主持。同年再次推出第二部風水著作《蘇民峰風生水起（理氣篇）》及《馬年運程》。

○二年

再一次前往歐洲及紐約勘察風水。續應紐約華語電台邀請作玄學節目嘉賓主持，及應邀往香港電台作嘉賓主持。是年出版《蘇民峰玄學錦囊（相掌篇）》、《蘇民峰八字論命》、《蘇民峰玄學錦囊（姓名篇）》。同年接受《3週刊》、《家週刊》、《快週刊》及日本的《讀賣新聞》之訪問。

○三年

再次前往歐洲勘察風水，並首次前往荷蘭，續應紐約華語電台邀請作玄學節目嘉賓主持。同年接受《星島日報》、《東方日報》、《成報》、《太陽報》、《壹週刊》、《壹本便利》、《蘋果日報》、《新假期》、《文匯報》、《自主空間》之訪問，及出版《蘇民峰玄學錦囊（風水天書）》與漫畫《蘇民峰傳奇1》。

○四年　再次前往西班牙、荷蘭、歐洲勘察風水，續應紐約華語電台邀請作風水節目嘉賓主持，及應有線電視、華娛電視之邀請作其節目嘉賓，同年接受《新假期》、《MAXIM》、《壹週刊》、《太陽報》、《東方日報》、《星島日報》、《成報》、《經濟日報》、《快週刊》、《Hong Kong Tatler》之訪問，及出版《蘇民峰之生活玄機點滴》、漫畫《蘇民峰傳奇2》、《家宅風水基本法》、《The Essential Face Reading》、《The Enjoyment of Face Reading and Palmistry》、《Feng Shui by Observation》及《Feng Shui — A Guide to Daily Applications》。

○五年始　應邀為無綫電視、有線電視、亞洲電視、商業電台、日本NHK電視台作嘉賓或主持，同時接受不同雜誌訪問，並出版《觀掌知心（入門篇）》、《中國掌相》、《八字萬年曆》、《八字入門捉用神》、《八字進階論格局看行運》、《生活風水點滴》、《風生水起（商業篇）》、《如何選擇風水屋》、《談情說相》、《峰狂遊世界》、《瘋蘇Blog Blog趣》、《師傅開飯》、《蘇民峰美食遊蹤》、《蘇民峰 • Lilian蜜蜜煮》、《A Complete Guide to Feng Shui》、《Practical Face Reading & Palmistry》、《Feng Shui — a Key to Prosperous Business》、五行化動土局套裝、《相學全集一至四》、《八字秘法（全集）》、《簡易改名法》、《八字筆記（全集）》、《蘇語錄與實用面相》、《中國掌相》、《風水謬誤與基本知識》等。

目錄

寒熱命論

寒命、熱命、平命

寒熱命論得以出現，實有賴本人由一九八三年開始替人算命至今及教授學生時所積累之經驗。在這段期間，筆者發現古代留傳之書籍以及本人老師吳晚軒先生所傳授之命理知識，實有不足之處，但又未能找出其究竟為何。在此不是說本人之老師吳晚軒先生所傳授給本人之命理理論有誤，因為他已將所知的傾囊相授，像我對我的學生一樣，毫無保留；只是每一種理論學說都在不斷演變——從古代看命用五星，至宋代徐子平出，把五星的方法推翻，令算命之術從此不用看星，而把星歸納於五行之內，從而轉用十天干、十二地支、五行——木、火、土、金、水——作為算命之依據，一直留傳至今，是一個初步之簡化程式。但當中一定有不完善的地方，因為算命之術發展至今，還是沿用旺者宜剋宜泄，衰者宜幫宜扶的原則。雖然已把古代很多無用的東西推翻，但當中還是存有很多問題。

九二至九四年間，寒熱命的理論突然在我腦海出現，直至九六、九七年間便正式傳授給我的學生（當然包括以前所教過的學生）。所以從學習到醞釀至發明，其實經過十多年的努力。在寒命、熱命、平命的理論一出以後，很多以前未能解決之命理懸案終能一一迎刃而解。因寒命人喜火，喜以木生火；熱命人喜水，喜以金生水；平命人水火不忌，然以金水運較佳。以此理論，只要知道一個人出生的年、月、日、時以後，便可知其一生運程之吉凶，根本不用再詳細計算命者身旺身弱，以何為用神。及至近年，本人甚至進一步發現根本無從格、化格，只有寒命、熱命、平命而已。

寒命人——生於立秋後、驚蟄前（西曆八月八日至三月六日）。
熱命人——生於立夏後、立秋前（西曆五月六日至八月八日）。
平命人——生於驚蟄後、立夏前（西曆三月六日至五月六日）。

寒熱命用法

當各位知道自己屬寒熱還是平命以後，就可以知道一生之運程。寒命者喜火，熱命者喜水，平命者喜水不忌火。而土為平，又帶水為濕土，帶火為乾土。

然後，再要知道木、火、土、金、水每十二年一個循環，每十二月一個循環，每十二日一個循環。

木、火、土、金、水之所屬生肖之年：

鼠年——屬水
牛年——屬土帶水
虎年——屬木帶火
兔年——屬木
龍年——屬土帶水
蛇年——屬火

馬年——屬火
羊年——屬土帶火
猴年——屬金帶水
雞年——屬金
狗年——屬土帶火
豬年——屬水

木、火、土、金、水之所屬月分：

一月——屬木帶火
二月——屬木
三月——屬土帶水
四月——屬火
五月——屬火
六月——屬土帶火

七月——屬金帶水
八月——屬金
九月——屬土帶火
十月——屬水
十一月——屬水
十二月——屬土帶水

木、火、土、金、水之所屬日子：

寅日——屬木帶火　申日——屬金帶水
卯日——屬木　酉日——屬金
辰日——屬土帶水　戌日——屬土帶水
巳日——屬火　亥日——屬水
午日——屬火　子日——屬水
未日——屬土帶火　丑日——屬土帶水

每日之木、火、土、金、水似乎難以得出，但其實不會太難。如閣下有電腦，只要輸入一組寅、卯、辰、巳、午、未、申、酉、戌、亥、子、丑以後，以此再排，就可以得出前前後後每年每月每日之木、火、土、金、水。現提供二〇二五年一月一日開始之第一組午、未、申、酉、戌、亥、子、丑……之後只要依次排列即可。

二〇二五年一月

一日—午
二日—未
三日—申
四日—酉
五日—戌
六日—亥
七日—子

八日—丑
九日—寅
十日—卯
十一日—辰
十二日—巳
十三日—午
十四日—未

十五日—申
十六日—酉
十七日—戌
十八日—亥
十九日—子
二十日—丑
廿一日—寅

例一：女命

財	日元	印	傷
庚	丁	甲	戊
戌	亥	子	子
傷	官	殺	殺

67	57	47	37	27	17	7
丁	戊	己	庚	辛	壬	癸
巳	午	未	申	酉	戌	亥

一般看法：

此命丁火日元，生於三冬水旺之時。年為戊子，日元自坐亥水，時為庚戌，官殺過旺而日元極弱。全賴月干印星生扶，再以戌中丁火為用，格成殺印相生而用印劫。（用木火）

寒熱命論：

此命丁火日元，生於三冬水旺氣寒之時，必以火溫為用，以木生火。

以上兩種看法皆以木火為用，看似毫無分別，所以在很多情況下，即使用傳統的看法論命，亦有其準繩度。

例二：女命

傷	才	劫	印
癸丑	甲寅	庚寅	己卯
印	才	才	財

4	14	24	34	44	54	64
乙卯	丙辰	丁巳	戊午	己未	庚申	辛酉

一般看法：

此命庚金日元，生於初春農曆一月死絕之地。年為癸丑，日元自坐寅木，時為己卯，滿盤皆木。雖云天干己土透出為絕處逢生，且通根於丑，但終究身弱，必以土金為用。

寒熱命論：

此局庚金日元，生於初春餘寒猶存，必以火溫為用，然後以木生火。

以上兩種看法，用神各異、吉凶各異。用普通看法，當以火為忌，故大運二十四至五十四間行三十年火運為凶，五十四以後行金運為吉。

如用寒熱命論，則此造四歲入運，至五十四歲，五十年大運，一生漸入佳境。十四歲前行木運，可以生火為吉；十四至二十四歲行丙辰，因丙坐於辰，故水旺火弱無用；二十四歲正式入大運，三十年大運必有一番作為，運至五十四歲止。

例三：男命

傷	才	見	官
癸	甲	庚	丁
卯	寅	寅	亥
財	才	才	食

4	14	24	34	44	54	64	74
癸丑	壬子	辛亥	庚戌	己酉	戊申	丁未	丙午

一般看法：

此局庚金日元，生於寅月初春木旺之時。年為癸卯，日元自坐寅木，時為丁亥，日元極弱。有謂財多身弱而用印，亦有云庚金弱不可扶。寅中藏土印，弱不可用，為從財格，而用財喜傷官，官殺亦可行，忌印、比劫。

寒熱命論：

此命屬金，生於初春餘寒猶存，必以火溫為用，以木生火。局中木強火旺為好命，木火無力則命差，而此局寅木藏火，寅亥合木，亥卯遙合，天干丁火透出，木旺而火不太弱。惟命中火弱，且丁火坐亥無力，丙火亦藏於木中，故仍以行火運最佳。

此局為寒木喜火，無奈三十四前行水運，為水寒木凍金冷之局，所以四處飄零，到處為家，曾到很多地方工作，包括羅省、台灣、雅加達、香港等地，惟其工作地位不會太差，皆因命中木重而暗藏火。然而感情生活卻不甚佳，因其命中帶寒，而三十四前行寒運，因而內心冰冷，自小覺得沒有人關心自己，感情生活自十八歲後一片空白。直至行庚戌大運有火，感情、心情、事業才一併好起來。從此處可見，在寒熱命論中，寒命代表內心冰冷，熱命代表急躁、熱情。寒遇熱、熱遇寒，正好使其平衡而達致陰陽調和。事實上，不單看運如此，看心、看性情亦如此。

此造以三十四歲至四十四歲間十年火運最佳，四十四至六十四行金運，亦比水為暖，故亦平穩。至六十四後再行三十年火運，晚年安樂。

八字秘法

此八字秘法，為筆者從事這行業所積累的經驗和心得。事實上，此法以往只會授予本人之入室弟子，而筆者當年之所以能一鳴驚人，在行內聲名鵲起，此亦為關鍵。以前筆者常用此法算命，往往一針見血，使人嘖嘖稱奇，甚至訛傳本人養鬼仔云云。

但在最近二十年，筆者已甚少運用此法斷命，因本人在二千年代後，便都全心鑽研寒熱命論，務求把人一生之運程算得更為準確才心滿意足，以致甚少顧及其他枝節。為使此秘法不致失傳，兼能發揚光大，特於此書把秘法公諸於世。若能因此而減少人們對命理的懷疑，實於願足矣。

筆者先在此書內把秘法的口訣公開，由於篇幅及時間所限，故未能一一援引例子，希望讀者見諒。在日後出版的八字命理著作中，必再細列例子，作詳細解釋。

秘法口訣：

自坐印星——前面無比劫，大仔。

自坐印星——內藏比劫，二仔。
年帶七殺——與父不和。
刑空官殺——幾臨嫁而罷濃裝。
姊妹同生——爭夫。
姊妹剛強——必作填房之婦。
月印——兄弟多（此訣在現代的香港及內地社會已無用，但在兒多的國家仍然可用）。
月殺——剋兄弟。
比劫逢沖——剋兄弟。
海底逢沖——不得善終。
財旺——剋父母。
印弱逢剋——剋父母。
印過旺——父母無助，母影響大。
申亥相穿——家宅不安（看穿何宮）。
男命財逢沖——花心。
官殺混雜——男女皆感情混雜。

三殺會齊——凶。
天地合——晦氣煞（心情不佳）。
天剋地沖日柱——感情變化。
天剋地沖時柱——一喜擋三災，無喜損傷防。
財衰印絕——幼出娘門。
胎月有神煞相刑，印臨財地，地支財旺——有二者非父母養大。
酉卯怕見寅申——破宅殺。
金木相剋——刀傷車禍。
巳亥沖——腳傷。
亥巳沖——面齒傷。
原局印微行比劫——母先喪（再行比劫運）。
原局財弱行比劫——父先喪（再行比劫運）。
正偏印同透——二母。
月令全印——二母。
自坐偏印——二母。
沖祿——災病。

沖刃——刀傷官非。
沖官——官非是非。
沖殺——官非損傷。
年逢財官印——祖上有名望。
八字太寒——風塵命（同性戀命）。
八字太熱——無夫命（同性戀命）。
如命土旺——多不美。
金水多——漂亮。
火燥——皮膚不美。
孖胎——男——弟較強。
女——姊較強。
印旺——迷信。
偏印——偏愛術數。
土旺——固執硬頸，迷信鬼神。
妻宮坐七殺羊刃——惡妻。
夫官坐七殺羊刃——夫脾氣不佳。

官星入墓——剋夫、分離。

女命合財不靠夫——重財輕夫。

比劫合官——早婚離婚、分夫。

官殺在時——遲婚。

月柱二財——易有重妻。

月柱二官——易有重夫。

全局皆正——反應慢，易錯過桃花。

年月偏財——多早離家。

年干偏財支比劫——父死他鄉。

丁坐亥——眼疾。

以上秘法，雖不是百分之百準確，但應驗時，當會把算命者嚇一跳。如讀者能熟讀此口訣，對算命的造詣，必會有一定程度的提升。

八字講義

陰陽

太陽屬火＝夏，少陽屬木＝春，太陰屬水＝冬，少陰屬金＝秋，以上四種混合為土。

何謂陰陽——陰陽之說原出於《易》，而《易》以寒暖、燥濕、剛柔、往反奇偶等反伸說而喻之。

為使學習者容易瞭解，現分述如下：

何謂陽——陽者表示由孕育而生長到壯旺之氣，為方生向旺之氣，名為「進氣」。

何謂陰——陰者表示由壯旺而向衰至死絕之氣，即盛極而衰。向衰之氣，名為「退氣」。

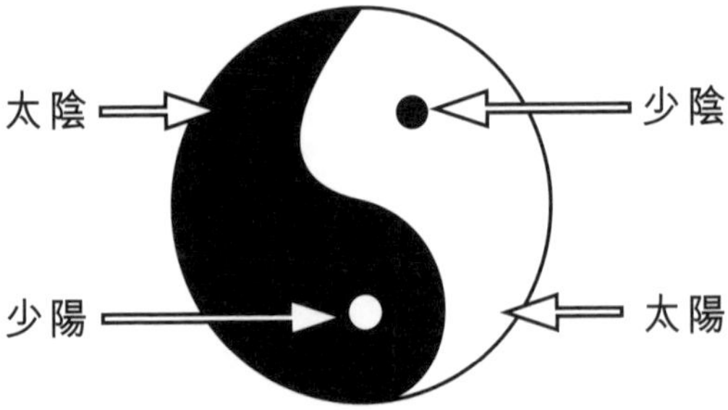

五行、四時

五行——木、火、土、金、水。
四時——春、夏、秋、冬。

木——代表東方，春季。
火——代表南方，夏季。
土——代表中央，四季月（即三、六、九、十二月）。
金——代表西方，秋季。
水——代表北方，冬季。

五行相生——木生火，火生土，土生金，金生水，水生木。
五行相剋——木剋土，土剋水，水剋火，火剋金，金剋木。

五行於四時之旺、相、休、囚、死

旺：為當令之氣，如春令木旺（因木代表東方及春季）、夏令火旺、秋令金旺、冬令水旺。

相：為旺者所生之氣，如春令木旺，旺者所生為火（即木生火），所以火在春令為相。

休：為生旺者之氣，如春令木旺，生旺者即水（水生木），所以水在春令為休。

囚：為剋旺者之氣，如春令木旺，剋旺者即金（金剋木），所以金在春令為囚。

死：為旺者所剋之氣，如春令木旺，旺者所剋為土（木剋土），所以土在春令為死。

五行／四時	春令	夏令	秋令	冬令
木	旺	休	死	相
火	相	旺	囚	死
土	死	相	休	囚
金	囚	死	旺	休
水	休	囚	相	旺

十天干

甲乙丙丁戊己庚辛壬癸

陽陰	陽陰	陽陰	陽陰	陽陰
（甲，乙）	（丙，丁）	（戊，己）	（庚，辛）	（壬，癸）
木	火	土	金	水

甲為陽木，乙為陰木，丙為陽火，丁為陰火，戊為陽土，己為陰土，庚為陽金，辛為陰金，壬為陽水，癸為陰水。

十二地支

子丑寅卯辰巳午未申酉戌亥

十二地支中所代表的東西較十天干稍為複雜，現述如下：

十二地支分配方位、時令

寅卯辰為東方＝春，巳午未為南方＝夏，
申酉戌為西方＝秋，亥子丑為北方＝冬。

十二地支分配月分

正月建寅，二月建卯，三月建辰，四月建巳，五月建午，六月建未，七月建申，八月建酉，九月建戌，十月建亥，十一月建子，十二月建丑。

十二地支配陰陽

陽：子寅辰午申戌
陰：丑卯巳未酉亥

十二地支配五行

寅卯—木，辰—土，巳午—火，未—土，申酉—金，戌—土，亥子—水，丑—土。

附：支中人元歌仔

子中單癸水，丑藏己癸辛，
寅藏甲丙戊，卯中乙木藏，
辰中戊乙癸，巳內丙戊庚，
午中藏丁己，未藏己丁乙，
申中庚壬戊，酉內只藏辛，
戌中戊辛丁，亥中壬甲藏。

為便於查閱，現列圖如下：

十二支＼分類	陰陽	五行	支中人元	月分	生肖	時辰
子	陽	水	癸	十一	鼠	23-1
丑	陰	土	己癸辛	十二	牛	1-3
寅	陽	木	甲丙戊	正	虎	3-5
卯	陰	木	乙	二	兔	5-7
辰	陽	土	戊乙癸	三	龍	7-9
巳	陰	火	丙戊庚	四	蛇	9-11
午	陽	火	丁己	五	馬	11-13
未	陰	土	己丁乙	六	羊	13-15
申	陽	金	庚壬戊	七	猴	15-17
酉	陰	金	辛	八	雞	17-19
戌	陽	土	戊辛丁	九	狗	19-21
亥	陰	水	壬甲	十	豬	21-23

十二宮

長生、沐浴、冠帶、臨宮、帝旺、衰、病、死、墓、絕、胎、養。

陽長生：

十二宮／五行	長生	沐浴	冠帶	臨宮	帝旺	衰	病	死	墓	絕	胎	養
木（甲）	亥	子	丑	寅	卯	辰	巳	午	未	申	酉	戌
火（丙）	寅	卯	辰	巳	午	未	申	酉	戌	亥	子	丑
土（戊）	寅	卯	辰	巳	午	未						
金（庚）	巳	午	未	申	酉	戌	亥	子	丑	寅	卯	辰
水（壬）	申	酉	戌	亥	子	丑	寅	卯	辰	巳	午	未

陰長生：

十二宮／五行	長生	沐浴	冠帶	臨宮	帝旺	衰	病	死	墓	絕	胎	養
木（乙）	午	巳	辰	卯	寅	丑	子	亥	戌	酉	申	未
火（丁）	酉	申	未	午	巳	辰	卯	寅	丑	子	亥	戌
土（己）	酉	申	未	午	巳	辰						
金（辛）	子	亥	戌	酉	申	未	午	巳	辰	卯	寅	丑
水（癸）	卯	寅	丑	子	亥	戌	酉	申	未	午	巳	辰

附：掌訣

一般善於子平之術者，都一定熟悉掌法的運用，現列於下：

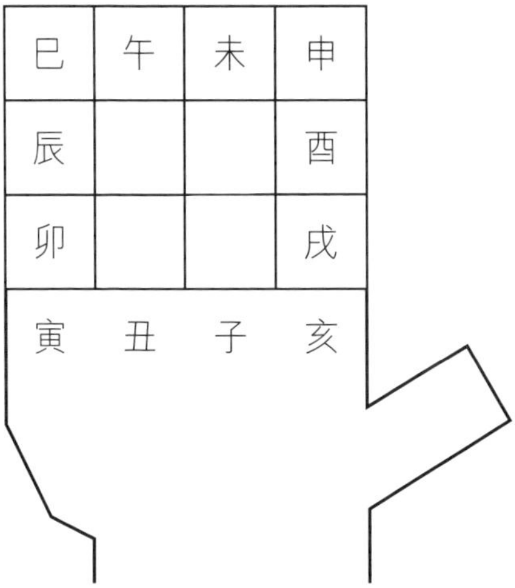

現再按月分將五行十二宮的情況列表如下：

月令 ＼ 十二宮 ＼ 五行	木	火	土	金	水
寅正	臨宮	長生	長生	絕	病
卯二	帝旺	沐浴	沐浴	胎	死
辰三	衰	冠帶	冠帶	養	墓
巳四	病	臨宮	臨宮	長生	絕
午五	死	帝旺	帝旺	沐浴	胎
未六	墓	衰	衰	冠帶	養
申七	絕	病	長生	臨宮	長生
酉八	胎	死	沐浴	帝旺	沐浴
戌九	養	墓	冠帶	衰	冠帶
亥十	長生	絕	臨宮	病	臨宮
子十一	沐浴	胎	帝旺	死	帝旺
丑十二	冠帶	養	衰	墓	衰

註：土無死絕，生於寅申，旺於巳亥。

月令分日用事

正月建寅	戊土七天	丙火七天	甲木十六天
二月建卯	甲木十天	乙木廿天	
三月建辰	乙木九天	癸水三天	戊土十八天
四月建巳	戊土七天	庚金七天	丙火十六天
五月建午	丙火十天	己土九天	丁火十一天
六月建未	丁火九天	乙木三天	己土十八天
七月建申	戊土七天	壬水七天	庚金十六天
八月建酉	庚金十天	辛金廿天	
九月建戌	辛金九天	丁火三天	戊土十八天
十月建亥	戊土七天	甲木七天	壬水十六天
十一月建子	壬水十天	癸水廿天	
十二月建丑	癸水九天	辛金三天	己土十八天

註：但以上分法並不正確，應該是正月寅藏甲丙戊，其中甲木力量最大，其次丙火，再次戊土。

十二月建之廿四節氣

月建	節	氣
寅	立春	雨水
卯	驚蟄	春分
辰	清明	穀雨
巳	立夏	小滿
午	芒種	夏至
未	小暑	大暑
申	立秋	處暑
酉	白露	秋分
戌	寒露	霜降
亥	立冬	小雪
子	大雪	冬至
丑	小寒	大寒

註：立春後為一月開始，驚蟄後為二月開始，清明後為三月，餘此類推。

六十甲子及旬空（空亡）

甲子 乙丑 丙寅 丁卯 戊辰 己巳 庚午 辛未 壬申 癸酉 → （戌亥空亡）

甲戌 乙亥 丙子 丁丑 戊寅 己卯 庚辰 辛巳 壬午 癸未 → （申酉空亡）

甲申 乙酉 丙戌 丁亥 戊子 己丑 庚寅 辛卯 壬辰 癸巳 → （午未空亡）

甲午 乙未 丙申 丁酉 戊戌 己亥 庚子 辛丑 壬寅 癸卯 → （辰巳空亡）

甲辰 乙巳 丙午 丁未 戊申 己酉 庚戌 辛亥 壬子 癸丑 → （寅卯空亡）

甲寅 乙卯 丙辰 丁巳 戊午 己未 庚申 辛酉 壬戌 癸亥 → （子丑空亡）

由年干推月干列表如下：

年干／月支	甲或己	乙或庚	丙或辛	丁或壬	戊或癸
寅	丙寅	戊寅	庚寅	壬寅	甲寅
卯	丁卯	己卯	辛卯	癸卯	乙卯
辰	戊辰	庚辰	壬辰	甲辰	丙辰
巳	己巳	辛巳	癸巳	乙巳	丁巳
午	庚午	壬午	甲午	丙午	戊午
未	辛未	癸未	乙未	丁未	己未
申	壬申	甲申	丙申	戊申	庚申
酉	癸酉	乙酉	丁酉	己酉	辛酉
戌	甲戌	丙戌	戊戌	庚戌	壬戌
亥	乙亥	丁亥	己亥	辛亥	癸亥
子	丙子	戊子	庚子	壬子	甲子
丑	丁丑	己丑	辛丑	癸丑	乙丑

附：五虎遁歌訣

甲己之年丙作首，
乙庚之年戊為頭，
丙辛歲首尋庚起，
丁壬壬位順流行，
若言戊癸何方發，
甲寅之上好追求。

由日干推時干列表如下：

日干＼時支	子	丑	寅	卯	辰	巳	午	未	申	酉	戌	亥
甲或己	甲子	乙丑	丙寅	丁卯	戊辰	己巳	庚午	辛未	壬申	癸酉	甲戌	乙亥
乙或庚	丙子	丁丑	戊寅	己卯	庚辰	辛巳	壬午	癸未	甲申	乙酉	丙戌	丁亥
丙或辛	戊子	己丑	庚寅	辛卯	壬辰	癸巳	甲午	乙未	丙申	丁酉	戊戌	己亥
丁或壬	庚子	辛丑	壬寅	癸卯	甲辰	乙巳	丙午	丁未	戊申	己酉	庚戌	辛亥
戊或癸	壬子	癸丑	甲寅	乙卯	丙辰	丁巳	戊午	己未	庚申	辛酉	壬戌	癸亥

附：五鼠遁歌訣

甲己還加甲，
乙庚丙為頭，
丙辛從戊起，
丁壬庚子居，
戊癸何方發，
壬子是真途。

順推和逆推

大運推法可由月柱得出：陽男陰女從出生月順推至未來月，
陽女陰男從出生月逆推至過去月。

男命年干：甲丙戊庚壬——為陽男
乙丁己辛癸——為陰男

女命年干：甲丙戊庚壬——為陽女
乙丁己辛癸——為陰女

現舉例如下：

月柱為乙卯**順推**為：

丙辰 丁巳 戊午 己未 庚申 辛酉

月柱為乙卯**逆推**為：

甲寅 癸丑 壬子 辛亥 庚戌

舉例：

男命（陽男）

辛 壬 乙 戊
亥 寅 卯 寅

順推

←

辛 庚 己 戊 丁 丙
酉 申 未 午 巳 辰

女命（陽女）

辛 壬 乙 戊
亥 寅 卯 寅

逆推

→

己 庚 辛 壬 癸 甲
酉 戌 亥 子 丑 寅

男命（陰男）

癸 戊 癸 丁
亥 申 卯 丑

逆推

→

丁 戊 己 庚 辛 壬
酉 戌 亥 子 丑 寅

女命（陰女）

癸 戊 癸 丁
亥 申 卯 丑

順推

←

己 戊 丁 丙 乙 甲
酉 申 未 午 巳 辰

起運法

當大運列出後，就要計算幾歲起運，而起運的計算方法是以月令的節作依據——即是從個人的出生時日起，如陽男陰女順推至未來之節，陽女陰男逆推至過去之節。

計算一下當中共有多少天和多少個時辰，再以三日為一歲，一個時辰作為十天。計算好後，即為起運之歲數。另外，餘數如少於一百八十日均不算，多於一百八十日則加一歲。

又每一柱運代表十年，故可先把計算好的起運年歲寫在第一柱上，以後每柱加十年即可。

例一：男造一九三八年二月初十亥時生

戊寅
乙卯
壬寅
辛亥

陽男由出生日順推至未來節（即清明）。從出生日推至清明應為二十五日，但因清明是初五之酉時，而此命造本身之出生時間為亥時，故此不足二十五日，實應為二十四日零十個時辰。又三日為一歲，故應為八歲上運。餘下十個時辰相等於一百日，但因少於一百八十日，所以不計算在內。

8	18	28	38	48	58
丙辰	丁巳	戊午	己未	庚申	辛酉

例二：男造一九三七年二月初十亥時生

丁丑
癸卯
戊申
癸亥

陰男逆推至過去節（即驚蟄），當中有十六日零七個時辰，又三日為一歲，即五歲零一日又七個時辰，即五歲零十九個時辰，又一個時辰為十日，十九個時辰即一百九十日，所以加一歲計算，應為六歲上運。

6	16	26	36	46	56
壬寅	辛丑	庚子	己亥	戊戌	丁酉

例三：女命一九三八年閏七月廿日辰時生

戊寅
辛酉
戊申
丙辰

陽女逆推至白露為四日零八個時辰，即一歲零二百日，所以作兩歲起運。

2	12	22	32	42	52
庚申	己未	戊午	丁巳	丙辰	乙卯

推命宮法

子平推命之術原出於五星，直至五代徐子平出，才改革之。但二派至今，其實尚有若干關係，而命宮就是其中之一。

我們排列好八字後，就可參看命宮以定流年小限。

茲將命宮之推法詳列如下：

首先要將十二地支所定的數字記牢——寅一，卯二，辰三，巳四，午五，未六，申七，酉八，戌九，亥十，子十一，丑十二。

另有兩個基數，即十四與廿六。

推算之方程式為：基數減（月支數＋時支數）＝命宮

凡月支數＋時支數小於十四時，便可用十四作為基數去減；

當月支數＋時支數大於十四時，則用廿六作為基數去減。

而得出之數即為命宮的支數，然後只要根據支數再用五虎遁歌訣，便能得其天干。

註：推命宮以氣為主，如過中氣即作下月計算。

例：戊寅年閏七月廿日辰時生，推其命宮——

戊寅
辛酉
戊申
丙辰

酉月戊申日於白露節後五天，未過秋分中氣，應作酉月推算，程式為：

14減（8＋3）＝3

3是辰，即立命宮辰宮，只要再用五虎遁歌訣，即可得出天干為丙，故命宮為：丙辰。

冬至後大寒前	小雪後冬至前	霜降後小雪前	秋分後霜降前	處暑後秋分前	大暑後處暑前	夏至後大暑前	小滿後夏至前	穀雨後小滿前	春分後穀雨前	雨水後春分前	大寒後雨水前	節氣 命宮 時辰
辰	巳	午	未	申	酉	戌	亥	子	丑	寅	卯	子
卯	辰	巳	午	未	申	酉	戌	亥	子	丑	寅	丑
寅	卯	辰	巳	午	未	申	酉	戌	亥	子	丑	寅
丑	寅	卯	辰	巳	午	未	申	酉	戌	亥	子	卯
子	丑	寅	卯	辰	巳	午	未	申	酉	戌	亥	辰
亥	子	丑	寅	卯	辰	巳	午	未	申	酉	戌	巳
戌	亥	子	丑	寅	卯	辰	巳	午	未	申	酉	午
酉	戌	亥	子	丑	寅	卯	辰	巳	午	未	申	未
申	酉	戌	亥	子	丑	寅	卯	辰	巳	午	未	申
未	申	酉	戌	亥	子	丑	寅	卯	辰	巳	午	酉
午	未	申	酉	戌	亥	子	丑	寅	卯	辰	巳	戌
巳	午	未	申	酉	戌	亥	子	丑	寅	卯	辰	亥

推命宮除了上述的方法外，尚有掌中法。

其方法是以掌中法的「子宮」為基本宮位，又不論何月出生，均從「子宮」起正月。逆推至亥宮為二月，戌宮為三月，逆數至出生月為止。然後，再在原處把出生之時，逆數至卯止即可。

巳八	午七	未六	申五
辰九	順推		酉四
卯十		逆推	戌三
寅十一	丑十二	子正月	亥二

推胎元法

胎元即受胎的月分。五星推命重命子宮，子平推命重胎元。

胎元的計算方法，是在正常情況下，以倒退十個月計算。但有些人出生時是不足胎月或超過胎月的。由於人們一般都不知道自己受胎的月分，故在推算命理時，皆按十個月計算。

推算胎元最簡便的方法是以月柱為主，又干前一位，支前三位所得之數即為胎元。

六神

子平推命術以日柱的天干為整個八字的重心，然後再配合其他干支陰陽生剋之關係——即為剋我（我即日干）、我剋、生我、我生、同類（即與日干同一五行）及日干等共分六種，名為「六神」。

現將六神分述如下：

1. 日干：八字中日柱的天干（又名「日主」或「日元」）。
2. 剋我（我即日干）：陽剋陰，陰剋陽——名為「正官」。
   陽剋陽，陰剋陰——名為「偏官」（又名「七殺」）。
3. 我剋：陽剋陰，陰剋陽——名為「正財」。
   陽剋陽，陰剋陰——名為「偏財」。
4. 生我：陽生陰，陰生陽——名為「正印」。
   陽生陽，陰生陰 名為「偏印」。
5. 我生：陽生陰，陰生陽——名為「傷官」。
   陽生陽，陰生陰，名為「食神」。
6. 同類：陽見陰，陰見陽——名為「劫財」。
   陽見陽，陰見陰——名為「比肩」。

正印	偏印	正官	偏官	正財	偏財	傷官	食神	劫財	比肩	六神／十天干／日干
癸	壬	辛	庚	己	戊	丁	丙	乙	甲	甲
壬	癸	庚	辛	戊	己	丙	丁	甲	乙	乙
乙	甲	癸	壬	辛	庚	己	戊	丁	丙	丙
甲	乙	壬	癸	庚	辛	戊	己	丙	丁	丁
丁	丙	乙	甲	癸	壬	辛	庚	己	戊	戊
丙	丁	甲	乙	壬	癸	庚	辛	戊	己	己
己	戊	丁	丙	乙	甲	癸	壬	辛	庚	庚
戊	己	丙	丁	甲	乙	壬	癸	庚	辛	辛
辛	庚	己	戊	丁	丙	乙	甲	癸	壬	壬
庚	辛	戊	己	丙	丁	甲	乙	壬	癸	癸

六神的相生相剋

相生——財生官殺，官殺生印，印生日主及同類（比肩、劫財），比劫生食傷，食傷生財。

相剋——財剋印，印剋食傷，食傷剋官殺，官殺剋日主比劫，比劫剋財。

天干五合

甲己合化土，乙庚合化金，丙辛合化水，丁壬合化木，戊癸合化火。

註：合不一定化。

地支六合

子丑合土，寅亥合木，卯戌合火，辰酉合金，巳申合水，午未日月相合火。

註：即使合了，仍是按照本身的五行屬性而論，不化。

地支三合會局

申子辰會水局，巳酉丑會金局，寅午戌會火局，亥卯未會木局。

申	子	辰	水**長生**於申**旺**於子**墓**於辰
巳	酉	丑	金**長生**於巳**旺**於酉**墓**於丑
寅	午	戌	火**長生**於寅**旺**於午**墓**於戌
亥	卯	未	木**長生**於亥**旺**於卯**墓**於未

此圖橫看順數為四長生、四專氣、四墓庫。

以上之會局，我們稱之為「全會」，其力量大。此外，還有半會如申子、子辰、寅午、午戌等，其力稍弱。如只得申辰、寅戌等則不能成局，但天干如透出壬癸、丙丁等，就有會合之意。

三合會方

即寅卯辰會木方，巳午未會火方，申酉戌會金方，亥子丑會水方。會方之用與會局大致相同，不同者是會局之氣專而會方之氣雜，又局有半會，而方必要全。

地支六沖

子午沖，丑未沖，寅申沖，卯酉沖，辰戌沖，巳亥沖。

地支三刑

子卯相刑，寅巳申三刑，丑戌未三刑，辰見辰、午見午、酉見酉、亥見亥為自刑。

地支六害（又名「六穿」）

子未相害，丑午相害，卯辰相害，申亥相害，酉戌相害。

刑沖破害之法，我們也可用掌中訣熟記之：

六合——掌中法橫對之位。

六害——掌中法直對之位。

六沖——掌中法交叉相對之位。

旺衰強弱論

旺衰者從時令而言，強弱者從生助而言。大致來說，得時為旺，失時為衰；黨眾為強，助寡為弱。但亦有得時而弱，失時而強者，故需仔細觀之。

春木、夏火土、秋金、冬水為得時，比劫印綬通根扶助為黨眾。

得時而弱

例：甲木生於寅卯月為得時者旺，但若干透庚辛而支申酉，則金之黨眾而木之助寡。若干透丙丁而支巳午則火之黨眾，木之洩氣太重，雖秉令而不強也。

失令而強

例：甲木生於申酉月為失時者衰，若比印重疊，年日時支又通根比印，即為黨眾，雖失時而不弱。

不但日干的看法如此，喜用、忌神的看法亦如此。

所以日干不論月令休囚，只要四柱有根便能受財官食傷而擋傷官七殺。

長生祿旺根之重者，墓庫餘氣根之輕者。

得一比劫不如支中得一墓庫。

得二比劫不如支中得一餘氣。

得三比劫不如支中得一長生。

此所謂干多不如支重。

論會合刑沖解法

在八字支中刑沖，俱非美事，而三合六合，可以和解。

如甲生酉月正官，逢卯則沖，但如別支見戌，則卯戌合而不沖酉。又如有辰，則辰與酉合而不沖，有亥與未，則卯與亥未會合而不沖；有巳與丑，則酉與巳丑會合而不沖，是以會合可以解沖。

又如丙火生於子月正宮，逢卯則刑，支中有戌與卯合則不刑，有丑與子合不刑，有亥與未和卯會局不刑，有申辰會子亦不刑。

會合可以解刑沖，刑沖亦可以解會合，此需看地位與性質如何而定。亦有沖之無力，沖如不沖者，其方法甚活而變化大，無一定方式。又沖者，剋也，貼近相沖為剋，遙沖為動，如年與時支之沖是也。

現舉例如下：

壬午
壬子
庚辰
甲申

因申子辰之會，而解子午之沖。

戊午
辛酉
乙卯
丙戌　因卯戌之合，而解卯酉之沖。

丁巳
己酉
癸卯
丁巳　因卯酉之沖，而解巳酉之會。

甲子
丙子
丙寅
丙申　因寅申之沖，而解子申之會。

又有二不沖一之說，如二子不沖一午，二午不沖一子，二寅不沖一申，二卯不沖一酉等，因此又有因解而反得刑沖者。

如甲生子月支逢二卯相並，二卯不刑一子，但支又逢戌，戌與卯合本為解刑，惟一合則留下一卯，成一合而一刑，是因解而反刑沖。

例子：

丙	甲	丙	庚
子	午	午	寅

二午不沖一子，但因寅午半會而引起子午之沖。

壬	戊	壬	壬
午	申	寅	寅

二寅不沖一申，但因寅午半會而引起寅申之沖。寅午遙隔不相鄰，雖無會合之理，但可引起寅申之沖。

壬	癸	丁	己
辰	卯	酉	酉

二酉不沖一卯，辰酉本不能六合，但在這種形勢下，可引起卯酉之沖。

又有刑沖而會合不能解者，即本有會合可解刑沖，但因另一會合復引起刑沖，或因第一刑沖，而引起第二刑沖。

例子：

癸	壬	庚	庚
未	戌	戌	辰

一未不刑二戌，但因辰戌之沖而引起未戌之刑。

丁	乙	丁	甲
亥	巳	酉	辰

巳酉之會本可解巳亥之沖，但因辰酉之會復引起巳亥之沖。

丙	甲	甲	戊
子	午	戌	辰

午戌之會本可解子午之沖，但辰戌一沖，又引起子午之沖。

乙	癸	甲	甲
丑	未	午	子

午未合本可解丑未之沖，但因子午之沖，復引起丑未之沖。

更有刑沖而可以解刑沖者，何也？蓋四柱之中刑沖俱非美事，而刑沖用神，大為破格，故不如以別位之刑沖，解月令之刑沖矣。

如丙生子月，卯以子刑，而支又逢酉，則又與酉沖，而不刑月令之官。

甲生酉月，卯日沖之，而時逢子位，則卯與子刑，而日令官星，沖之無力。

以別位之刑沖來解月令之刑沖者，有以沖而解，有以會而解。

丁亥
丙午
丁卯
庚子

以子卯之刑來解子午之沖。

甲戌
丙子
癸卯
辛酉

以卯酉之沖來解子卯之刑。

命理變化，不外乎干支會合刑沖，所以學習時必須熟練，辨別分明。此外，八字之學以日月二柱為主，日時次之，年月再次之。

庚辰
乙酉　卯酉之沖似解辰酉之合，但申中之庚金與卯中之乙暗合，此因暗
癸卯　合而變成卯申合，辰酉合。
庚申

辛未
丙申　亥未隔申，不能成局，寅亥之合，似乎能解寅申之沖，但申月金
丁亥　旺當令，仍有沖意（金生水，水生木而不沖）。
壬寅

四柱之刑沖，俱非美事，但有時亦不一定——喜用被沖非美事，惟忌神被沖，則可以成格，非一例而言。

辛卯
丁酉　煞刃格，天干丁火制辛金，殺旺劫輕。喜子沖午，使火不傷金；
庚午　酉卯沖，使木不生火助殺，此二沖大得其用。
丙子

戊辰
甲寅　寅卯辰氣聚東方而透甲木，印星太旺，木多火熄，時上酉沖卯，
丁卯　去其有餘，恰到好處，格成印旺用財破印。
己酉

論五行生剋及反生剋

五行之正生剋，我相信大家都極其熟識了，就是：

金生水、水生木、木生火、火生土、土生金。

金剋木、木剋土、土剋水、水剋火、火剋金。

五行之正生剋，實為命學之基礎。但如要再進一步，則除有正生剋外，還有反生剋，為命理中極重要之根據。

現詳述如下：

金賴土生，土多金埋。土賴火生，火多土燋。火賴木生，木多火塞。

木賴水生，水多木漂。水賴金生，金多水濁。

金能生水，水多金沉。水能生木，木多水縮。木能生火，火多木焚。

火能生土，土多火晦。土能生金，金多土弱。

金能剋木，木堅金缺。木能剋土，土重木折。土能剋水，水多土流。

水能剋火，火炎水灼。火能剋金，金多火熄。

金衰遇火，必見銷熔。火弱逢水，必為熄滅。水弱逢土，必為淤塞。
土衰逢木，必遭傾陷。木弱逢金，必為斫折。
強金得水，方挫其鋒。強水得木，方緩其勢。強木得火，方洩其英。
強火得土，方斂其燄。強土得金，方化其頑。

五行

木——日干旺，主人有博愛惻隱之心、慈愷悌之意，濟物利人，恤念孤寡，性直清高，為人慷慨。
日干衰，主偏心性拗，嫉妒不仁。

火——日干旺，主人有辭讓端謹之風範，為人恭敬謙和，言語急速，性躁無毒，聰明有為。
日干衰，詭詐妒毒，言語不實，有始無終。

土——日干旺，主人言行相顧，忠孝至誠，好敬神佛，為人誠信，度量寬厚，處世有方（此日主：不燥不濕），過旺則為人固執，愚拙不明。
日干衰，不通情理，狠毒乖戾，不得眾情，顛倒失信，慳吝妄為。

金——日干旺，性情英雄豪邁，仗義疏財，知廉恥羞惡，骨肉相應，體健神清，剛毅果決。
日干衰，慳吝貧酷，事多挫折（志），優柔寡斷，刻薄心毒。

水——日干旺，機深密慮，足智多謀，學識過人，詭詐多端。
日干衰，作事反覆，性情不定，膽小無謀。

日干旺而配合適宜——大致天性明白，遇事不逆，動心應機，言語聲高，豁達大度，臨事能斷，公平不疑，犯難不畏，平生不以財為吝，樂善好施，樂觀多動。

命入貴格而日干臨死絕——寡合城府深沉，多疑多慮，動拘禮節，修飾禮貌，常自我約束。

日干旺而配合欠佳或入賤格——性氣不常，不自約束，為事不顧危亡，好爭鬥而恃強凌弱，親近惡黨，不事家業，防不得善終。

日干弱而配合欠佳——為性淫邪，動心偽巧，舉動虛詐，專弄言詞，性好自誇，臨事無斷，少是多非，一生難有所建樹。

十干性情

甲木——有進取心，個性堅強而有骨氣，心地仁慈，缺乏敏感與應變能力。

乙木——有發展野心，表面謙虛，但內心佔有欲強，反應靈敏，善於見風轉舵。

丙火——急躁，善於工作而不計較得失，心地光明無機心。
丁火——溫和消極，重犧牲，不與人爭，富有同情心，多疑。
戊土——沉實穩重，信實無欺，重名譽，為人呆板。
己土——內聚，多才多藝，能伸能縮，做事精明，多變。
庚金——剛銳，強硬豪爽，具俠義心，好勝，愛出風頭。
辛金——溫潤，秀氣，重感情，愛面子，乏自勉力。
壬水——樂觀，外向，熱情，善於把握機會，雖聰明卻縱欲任性。
癸水——平靜和愛好幻想，重情調，有耐心。

五行總論

論木

春月之木，餘寒猶存，喜火溫暖，則有敷暢之美，藉水資扶，而無乾枯之患，初春陰濃濕重，則根損枝萎，故不宜水盛，春木陽氣煩躁，葉槁根乾又不能無水，是以水火二物既濟方佳。

木——三春氣候之代名詞，陽和之氣也。論其宜忌，當分三個時節：立春後、雨水前，為初春；雨水之後、穀雨前，為仲春；穀雨之後，為暮春。在仲春的兩個月中，又分春分前後而言之。餘寒猶存，言初春也，得丙火溫暖則敷榮，見水多則萎絕。如丙火出干，地支配合一二點水，則有既濟之功；若水多則根損枝枯，反損精神，此言初春專以丙火為用也。至仲春陽氣漸壯，宜水火並用。初春用火可以缺水，仲春用火，不能無水。初春取其調候，專用丙火；仲春取其通明，丙丁同功，所謂生木得火而秀也。暮春陽壯木渴，非得水不可，無水則根槁枝乾，即使支會木局，格成曲直仁壽，如無水資扶，亦不能取貴也。以上論春木見水見火。

土多而損力，土薄而財豐。

此言春木見土。土，木之財也，三春木旺土虛，然初春木嫩不能剋土。暮春土旺，亦防木折，總之春木見土，為配合輔佐（如春木用金官殺，只宜財生，不宜印化），少見則喜，多見則忌，不宜喧賓奪主也。

忌金重，傷殘剋伐，一生不閒，設使木旺，得金則良，終身獲福。

此言春木見金，初春陽和日暖，而逢寒肅之氣，春行秋令，木氣摧殘，即使配合得宜，不致夭折，亦一生不閒，非上命也。而仲春木旺，不好用金，但春金氣弱，木堅金缺，得一點庚金，而有土以生之，則貴。金多氣雜，有丁火制之，亦貴。季春木老，必須用庚金，更宜有水配合，方為上命。

夏月之木，根乾葉枯。

三夏火旺之時，不論四五六月，木皆有枯槁之象。

欲得水盛而成滋潤之功，誠不可少，切忌火旺而招致自焚之憂，故以為凶。

三夏木性枯槁，故其最需要者為水，得水為用，最為上格。即使用別神，亦不能無水為配合也。巳午未月為木之病死墓宮，書云：「死木得火自焚」，又云：「乙木疊逢火位，名為氣散之父」，故最忌為火，如火旺而無水制，總非上格，此言夏木見水火二神。

土宜在薄，不可厚重，厚則反為災咎。

此言見土，夏木氣洩而弱，見厚土，無力剋制，反有財多身弱之憂。惟木旺火多之局，無水制火，不得已取一二點土以洩火氣，而成食神生財格，則為有益。但運宜水鄉，不利東南，火土旺故也。

惡在金多，不可欠缺，缺則水涸無源。

此言用金。夏木用金，非取其剋，火旺金熔，雖多奚益，但夏木不可無水，而水至巳午未月為絕胎養之宮，非得金生之。無源之水易涸，不可欠缺者，言取以為輔助也。書云：「逢印看殺」，即是此意。

重重見木，徒以成林，疊疊逢華，終無結果。

此言用劫。夏木，死木也（巳午未為木之病死墓地），有旺火洩氣，不能以偏旺成格。即使木火傷官，或財多用劫，亦非水配合不為功。木雖多，奚益哉。

秋月之木，氣漸淒涼，形漸凋敗。

陽和之木，至秋而衰，淒涼凋敗，秋木之性也。氣候逐漸轉移，分初秋、仲秋、暮秋三個時期，宜忌因時而異。

初秋之時，火氣未除，尤喜水土以相滋。

初秋指立秋後，處暑前，言之，木至申宮，其氣已絕。申宮金水同行，煞印相資，為絕處逢生。但秋水性寒，滋木不秀，必得土栽培，木之根基方固。故水土必相資為用，用水不能無土也。

仲秋之令，果已成實，欲得剛金以修削。

仲秋者，處暑後，霜降前也。大氣循環，理無絕滅，木至秋，雖外象凋殘，惟生氣內斂。然殘枝敗葉，窒礙生機，宜加剪除。書云：「死木得金而造」，庚辛必利，正言仲秋之木也。水滋不生，火炎自焚，性得金則大用以彰。所謂斧斤斷削，而成棟樑之材是也。

霜降後，不宜水盛，水盛則木漂，寒露節，又喜火炎，火炎則木實。

寒露，霜降，言暮，秋也。秋氣已深，木不勝秋氣之摧殘。用金須有火制，用水用土，皆宜火為配合。得火溫暖，木之根氣自固，故火炎則木實。霜降之後，水旺進氣，無根之木，水盛則漂，故必得土培之，火以溫之，方得植根深固，而為有用之木也。

木多有多材之美，土厚無自任之能。

三秋金神秉令，四柱見比劫多，更有食傷（火），名身旺殺高有制，必為上格。秋木衰退，喜比劫為助，非取有用也。土，財也，培木之根，取土為輔助即可。若土厚，則衰竭之木無疏土之力，財旺不克負荷，名財多身弱，富屋貧人，故云：「無自任之能」。

冬月之木，盤屈在地。

木生於亥，生氣萌動也。小陽春時節，氣候和煦，木之內在發育，即是木生之象。惟轉瞬嚴冬，生機受阻，不比火生寅，水生申，有日增月盛之勢也，故盤屈在地，不能上騰，冬木之性也。

欲土多以培養，惡水盛而忘形，金縱多不能剋伐，火重見溫暖有功。

冬月之木，最需要而不可缺少者，為火，寒木向陽，無火溫暖，木不敷榮，雖重見，不厭其多也。火能溫木，土亦能溫木，三冬水盛無火，則枝萎根損，窒礙生機，宜土以培之，但宜戌未火土，不宜辰丑濕土，因水能生木，惟冬水卻凍木，反生為剋，故水盛忘形。金之氣洩於水，不能剋木，木氣在地，亦不受剋，故金雖多，亦無所用也。

歸根復命之時，木病安能輔助，忌死絕之地，只宜生旺之方。

重又申述冬木用火之意——三冬時節，木氣歸根，金不能剋，水反凍木，木雖有病，安能輔助？惟有年日時支，臨東南木火生旺之地則吉（寅卯辰巳午未），臨西北死絕之地則忌（申酉戌亥子丑），大運同論，寒木向陽，此之謂也。

再論甲乙

甲木參天，脫胎要火，春不容金，秋不容土，火熾乘龍，水蕩騎虎，地潤天和，植立千古。

甲為純陽之木，體本堅固，參天之勢，又極雄壯。生於春初，木嫩氣寒，得火而發榮。生於仲春，旺極之勢，宜洩其菁英，所謂強木得火，方化其頑。剋之金者，然金屬休囚，以衰金而剋旺木，木堅金缺，勢所必然，故春不容金也；生於秋，失時就衰，枝葉凋落漸稀，根氣欲收斂下達，受剋者土，秋土生金洩氣，最為虛薄。以虛氣之土遇下攻之木，不能培木之根，必所遭其傾陷，故秋不容土也。柱中寅午戌全，又透丙丁，惟洩氣太過，而木且被焚，宜坐辰，辰為水庫，其土濕，濕土能生木洩火，所謂火熾乘龍也。申子辰全，又透壬癸，水泛木浮，宜坐寅，寅乃火土生地，木之祿旺，能納水氣，不致浮泛，所謂水蕩騎虎也。如果金不銳，土不燥，火不烈，水不狂，非植立千古而得長生者乎。

乙木雖柔，刲羊解牛，懷丁抱丙，跨鳳乘猴，虛濕之地，騎馬亦憂，藤蘿繫甲，可春可秋。

乙木者甲之質也，而乘木之生氣。春如桃李，金剋則凋；夏如禾稼，水濕得生；秋如桐桂，金旺火制；冬如奇葩，火暖土培。生於春令宜火，喜其發榮；生於夏月宜水，潤地之燥也。刲羊解牛者，生於丑未月，或乙未乙丑日，又未乃木庫，得以蟠根，丑乃濕土，可以受氣也。懷丁抱丙，跨鳳乘猴者，生於申酉月或乙酉日，得丙丁透天干，有水不相爭剋，制化得宜，不畏金強。虛濕之地，騎馬亦憂者，生於亥子月，四柱無丙丁，又無戌未燥土，即使地支有午，亦難發生也。天干甲透，地支寅藏，此藤蘿繫松柏，春固得助，秋亦合扶，故曰可春可秋，言四季皆可也。

甲木喜用提要

正月丙癸——調和氣候為要，丙火為主，癸水為佐。

二月庚丙丁——陽刃架煞，專用庚金，以戊己滋殺為佐。

　　戊己——無庚用丙丁洩秀，不取制殺。

三月庚丁——用庚金必須丁火制之，為傷官制殺。

　　壬——無庚用壬。

四月癸丁——調和氣候，癸水為主。

　　庚——原局氣潤，庚丁為用。

五月癸丁——木性虛焦，癸水為主要，無癸用丁，亦宜運行北地。

　　庚——木盛先庚，庚盛先丁。

六月癸庚——上半月同五月用癸。

　　丁——下半月用庚丁。

七月庚丁壬——傷官制殺，無丁用壬，富而不貴。

八月庚丁丙——用丁制殺，用丙調候，丁丙並用為佐。

九月庚甲丁——土旺者用甲，火旺者用庚。

壬癸——丁壬癸為佐。

十月庚丁丙——用庚金，取丁火制之，丙火調候。

戊——水旺用戊。

十一月丁庚——木性生寒，丁先庚後，丙火調候（為助），必須支見巳寅。

丙——方為貴格。

十二月丁庚——丁火必不可少，通根巳寅，甲木為助。

丙——用庚金劈甲引丁。

乙木喜用提要

正月丙癸——取丙火解寒，略用癸水滋潤，不宜困丙，火多用癸。

二月丙癸——以癸水滋木，以丙洩秀，不宜見金。

三月癸丙／戊——若支成水局，取戊為助。

四月癸——月令丙火得祿，專用癸水調候為急。

五月癸丙——上半月專用癸水，下半月丙癸並用。

六月癸丙——潤土滋木，喜用癸水，柱多金水，先用丙火。

夏月壬癸，切忌戊己雜亂。

七月丙癸——月垣庚金司令，取丙火制之或癸水化之。

己——不論用丙用癸，皆己土為佐。

八月癸丙——上半月癸先丙後，下半月丙先癸後，無癸用壬。

丁——支成金局又宜用丁。

九月癸辛——以金發水之源。

見甲名「藤蘿繫甲」。

十月丙戊——乙木向陽，專取丙火。

水多以戊為佐。

十一月丙——寒木向陽，專取丙火，忌見癸水。

十二月丙——寒谷回春，專用丙火。

論火

春月之火，母旺子相，勢力並行。

火者，三夏氣候之代名詞，暑熱之氣也。寅宮甲木當旺，丙火長生，故云：「母旺子相」，相者，序次將至，如輔相也。丙火雖是方生之氣，然與當旺之木，勢力並行，陽回大地，侮雪欺霜，則其象至為威烈，此春火之性也。天地之氣，水火而已（即寒暑），故火之生寅、水之生申，與木生亥、金生巳，有不同。木為火之前驅，金為水之前驅，正月木旺火生，其勢力同時而至，自然之勢也。

喜木生扶，不宜過旺，旺則火炎，欲水既濟，不宜過盛，盛則辜恩。

初春餘寒未盡，木藉火生，火藉木生，正月陽和之氣，即木火會合之象，故云：「喜木生扶」。二三兩月陽氣增盛，木少火明，木多火塞，故不宜過旺，旺則炎烈。陽氣燥渴，宜水調劑，三春木旺之際，自能洩水生火，名天和地潤，既濟成功。然水若太盛，則濕木無燄，非土制之不可，失調和之意，辜負春日陽之恩矣，故春火用食制煞，非上格。

土盛則蹇塞晦光，火盛則傷多燥烈。

此言見食傷也。土得水潤，則生萬物；土見火燥，則亢旱焦坼，故火土傷官，獨難言秀氣也（土，火之傷官也，傷多即土多）。丙火不畏壬水，獨畏戊土也，故火炎土燥之局，用劫用財，皆不可無水為佐。用木疏土，無水則木焚；用金洩土，無水則金熔，即使火旺成方，亦只宜一二點濕土，不宜過多，方為有益也。

見金可以施功，縱重見用財尤遂。

此言用金也，三春之金，在絕胎養位，氣勢微弱，而火值向旺之時，剋金之力，游刃有餘，金縱多不能困火，故重見用財尤遂，財為我用，必富格也。

夏月之火，秉令乘權。

三夏為火主旺之地，秉時令之氣，乘當權之時，此夏火之體性也。

逢水制，則免自焚之咎，見木助，必招夭折之患。

此言夏火喜煞忌印也。炎滅燥烈，爍石流金，如無水調候（濟），必遭自焚之殃，此夏暑所以喜時雨也。炎炎之勢，不可向邇，再助之以木，是為太過，難以為繼，所以有夭折之憂。

遇金必作良工，得土遂成稼穡，金土雖為美利，無水則金燥土焦，再加木助，太過傾危。

此言用財用食傷也。金財也，三夏之金，氣極微弱，值當旺之火，如金入洪爐，冶熔成器，故火長夏天金疊疊，必為鉅富之格。上食傷也，得土洩火之氣，格成稼穡（土主四季，名「稼穡格」，夏火見土，為火土傷官，但與稼穡用火相同耳），但不論用財用食傷，皆不可無水為配合。土潤溽暑，大雨時行，更宜濕土為範；洩火潤金，乃成良器（巳午未月，月垣皆有土之用，得水自能潤土，生金），否則，火旺金熔，同成灰燼，再加木助，傾危必矣。故夏月之火，不論用財食傷，皆不可無水也。

秋月之火，性息體休。

火至三秋，氣勢衰退，如太陽過午，將近黃昏，餘光雖猶照耀，但無復炎烈之威，此秋火之性也。

得木生，則有復明之慶，遇水剋難免殞滅之災。

此言秋火，喜印忌官殺也。火氣已衰，光輝不久，得木生之，則有復明之象；將衰之火，見水剋之，難免損滅之憂。「繼善篇」云：「丙臨申位逢陽水，難獲延年」，正指秋火而言，然有木為救，則可反剋為生，故秋火用官殺皆不可無印。

土重而掩息其光，金多而損傷其勢，火見火以光輝，縱疊見而必利。

此言秋火，用食傷，用財，不能無比劫也。火勢衰退，見土重則晦其光，金旺秉令，非衰火所能剋，故見金多，則損傷其勢。土，食傷也，金，財也，見土重金多，唯有得比劫助其力，方能用食傷，用財，故縱疊見而必利也。

冬月之火，體絕形亡。

火至亥宮絕地，子丑兩宮乃醞釀之時，氣勢絕續之交，不僅衰絕，形體亦亡，此冬火之性也。

喜木生而有救，遇水剋以為殃。

冬火見木，絕處逢生，故云：「有救，水正當旺，以旺水剋火，無木為救，必受其殃」，故冬火不能離木也。

欲土制為榮，愛火比為利，見庚辛為難任財，反遭其害，過冬至，一陽復來，理氣循環。

此言冬月用印，更宜食傷比劫為配合也。三冬水值旺令，見火必剋，用木生火，更宜有土制水，單見寒土，力獨不足，更宜丙丁比助，火土相資，方能溫木以衛火也。冬金雖衰，決非衰絕之火所能剋。金，財也，身弱反受其困，況官殺正值時旺，更得金助，以逼衰火，未有不反遭其害者也。雖然大氣循環，首分寒暑，水火陰陽之總名也。冬至，火屆絕滅之際，一陽來復，生機已動，迨氣進二陽（十二月），地氣上升，又侮雪欺霜，故十二月丙火而見比助，反作旺論。

五行之理只有衰盛，永無絕滅，一氣循環，周而復始，不僅水火為然也，特水火為五行之總樞，言水火五行在其中矣。

再論丙丁

丙火猛烈，欺霜侮雪，能鍛庚金，逢辛反怯，土眾成慈，水猖顯節，虎馬犬鄉，甲來成滅。

丙乃純陽之火，其勢猛烈，欺霜侮雪，有除寒解凍之功。能鍛庚金，遇強暴而施剋伐也。逢辛金反怯，合柔而寓和平也。土眾成慈，不陵下也。水猖顯節，不援上也。虎馬犬鄉者，支坐寅午戌，火勢已過於猛烈，若再來甲木相生，轉至焚滅也。申此論也，洩其威需用己土，遏其燄必要壬水，順其性還需辛金。己土卑濕之體，能收亢陽之氣，戊土高燥，見丙火而焦拆矣。壬水剛中之德，能制暴烈之火，癸水陰柔，逢丙火而熯乾矣。辛金柔軟之物，明作合而相親，暗化水而相濟，庚金剛健，剛又逢剛，勢不兩立矣。蓋丙為太陽之火，陽剛之性，遇壬癸如浮雲之蔽日，故不畏水剋，而獨忌戊土，火烈土燥，生機盡滅，比別干有不同，此五陽之所以丙為最也。

丁火柔中，內性昭融，抱乙而孝，合壬而忠，旺而不烈，衰而不窮，如有嫡母，可秋可冬。

丁非燈燭之謂，較丙火則柔中耳。內性昭融者，文明之象也，抱乙而孝者，使辛金不傷乙木也。合壬而忠，暗使戊土不傷壬水也，惟其柔中，故無太過不及之弊。雖時當乘旺，而不至赫炎；時值就衰，而不至熄滅，干透甲乙，秋生不畏金，支藏寅卯，冬產不忌水。

丙火喜用提要

正月壬庚——壬水為用，庚金發水之源為佐。

二月壬己——專用壬水，水多用戊制之，身弱用印化之。
無壬用己。

三月壬甲——專用壬水，土重以甲為佐。

四月壬庚——以庚為佐，忌戊制壬。
癸——無壬用癸。

五月壬庚——壬庚以通根申宮為妙。

六月壬庚——以庚為佐。

七月壬戊——壬水通根申宮，壬多必取戊制。

八月壬癸——四柱丙多，一壬高透為奇。
無壬用癸。

九月甲壬——忌土晦光，先取甲疏土，次用壬水。

十月甲戊——月垣壬水秉令，水旺用甲化之，身殺兩旺，用戊制之。
甲庚壬——火旺用壬，木旺宜庚。

十一月壬戊己——氣進二陽，丙火弱中復強，用壬水，用戊制之。

無戊用己。

十二月壬甲——喜壬為用，土多不可少甲。

丁火喜用提要

正月甲庚——用庚金劈甲引丁。

二月庚甲——以庚去乙，以甲引丁。

三月甲庚——取甲引丁，制土，次看庚金。

木盛用庚，水盛用戊。

四月甲庚——取甲引丁，甲多又取庚為先。

五月壬庚——火多以庚壬兩透為貴。

癸——無壬用癸，為獨殺當權。

六月甲壬、庚——以甲木化壬引丁為用，用甲不能無庚，取庚為佐。

七月甲庚——取庚劈甲，無甲用乙。

丙戊——用丙暖金，曬甲，無庚甲而用乙者，見丙為枯草引燈。

八月甲庚——取庚劈甲，無甲用乙。

丙戊——用丙暖金，曬甲，無庚甲而用乙者，見丙為枯草引燈。

九月甲庚戊——一派戊土無甲，為傷官傷盡。

十月甲庚——庚金劈甲引丁，甲木為尊，庚金為佐，戊癸權宜酌用。

十一月甲庚——庚金劈甲引丁，甲木為尊，庚金為佐，戊癸權宜酌用。

十二月甲庚——庚金劈甲引丁，甲木為尊，庚金為佐，戊癸權宜酌用。

論土

五行之土，散在四維，故金木水火，依而成象，是四時皆有用有忌也。

木火金水，為春夏秋冬之代名詞。土者，在四時交脫之際，春木氣未盡，火氣已至；夏季火氣未盡，金氣已至；秋季金氣未盡，水氣已至；冬季，水氣未盡，木氣已至。間雜之氣，名之為土。四維者：艮宮丑寅，巽宮辰巳，坤宮未申，乾宮戌亥也，土以辰戌丑未為主旺之地，寄生於寅申，寄旺於巳亥，故云：「散在四維」。土終始萬物，金木水火，依以成象，故土之性質，隨春夏秋冬之氣候而異其宜忌也。

生於春月，其勢虛浮。

三春為木神主旺之時，木旺則土自弱，雖附火生寅，惟強弱之性質不同，氣勢虛浮，乃春土之體性也。

喜火生扶，惡木太過，忌水泛濫，喜土比助，得金而制木為祥，金太多仍盜土氣。

此言春土之用，因體性虛浮之故，喜生扶，忌剋洩，為一定之理。春木秉令，得火則化剋為生，為殺印相生格。如無火生扶，衰火遇旺木，必遭傾陷矣。水，財也，虛浮之土，見水旺必潰散無用，得比劫扶助，則可以制水成功。土旺，喜金洩其氣，春土虛浮，無取乎洩，然旺木剋土之故，得金制木，亦為有益。然不可太多，多則盜洩土氣，暗受其損矣。

夏月之土，其勢燥烈。

土與火勢力並行，火旺則土亦旺。三夏為火旺之時，亦為土主旺之地，性質燥烈，夏土之體也。

得水盛滋潤成功，忌旺火煆煉焦坼，木助火炎，水剋無礙，金生水浮，妻財有益，見比肩蹇滯不通，如太過又宜木剋。

此言夏土之用。三夏火土同行，土性燥烈，得盛水，正是土潤溽暑，大雨時行，草木遇之而暢茂，故云：「滋潤成功」。如火旺無水，則如亢旱之時，田地焦坼，草木枯槁，得水以成土之用，忌火以促土之生機也。木能生火，增火之燄，然四柱如有水，則不足為害，蓋土得水火相資，生機勃然，木不生火而剋土，土旺反喜用水也。夏土不能生金，無取乎洩，特水在絕地，有金生之，則源源不絕。水，財也，言金有益於財也。土至三夏，為最旺之時，無勞比劫之助，重見土旺，蹇塞難通，須木疏之，以損為益。但木剋，必須有水為配合，否則不能剋土，反助火燄，為無益有害耳。

秋月之土，子旺母衰。

三秋金神秉令，土，金之母也，子旺母氣自衰，內氣虛弱，秋土之性也。

金多，耗竊其氣，木盛，制伏純良，火重重而不厭，水泛泛而不祥，得比肩則能助力，至霜降不比無妨。

三秋金神主旺之時，更見多金耗竊土氣，土愈衰矣。木值休囚之際，遇旺金之氣，自然受制，性質純良，無力剋土，不足以為害也。三秋土性虛寒，得火則實，故秋土不能離火也。當旺之金，得火則制，衰絕之木，得火則化，故火重重不厭。虛寒之土，見水泛濫，必致潰散，故遇水為非祥。弱者喜生扶，為一定之理，秋土虛弱，得比肩則增其力，此指立秋以後，霜降之前而言。若至霜降後，土旺主事，戌宮有墓庫之火生之，不必比助，自然生旺，見比又嫌太過矣。

冬月之土，惟喜火溫。

三冬天寒地凍，乃萬物收束之時，惟喜得火，土脈溫暖，萬物始有生機，名「寒谷回春」，此冬土之性也。

水旺才豐，金多子秀，火盛有榮，木多無咎，再加比肩協助為佳，更喜身主康強足壽。

「水旺才豐」六句，承上「火溫」句來。寒凍之土，無火溫暖，生機盡熄，無用可言，得火之後，大用以生。溫暖之土，見水旺則才豐；見金多則子秀；重見火，土脈溫暖，分外繁榮；多見木，有火引化不足為害；見比肩扶助則更佳，身主，日元也，土為萬物之生，身主康強，壽之徵也。若無火，土脈不溫，水旺則潰，金多則虛，木多則凶，縱得比肩扶助，然重重凍土，亦不能生物，雖厚奚益，此冬土所以不能離火也。

四季月土性質之分別

辰戌丑未，四土之神，惟未土為極旺，何也？辰土帶木氣剋之，戌丑之土，帶金氣洩之，此三土雖旺不旺，故土臨此三位，土多作稼穡格，不失中和。若未月土，則帶火氣，帶火以生之，所以為極旺也。若土臨旺未月，見四柱土重，多作火炎土燥，不可作稼穡看，但臨此月之土，見金結局者，不貴則富也。書云：「土逢季月見金多，終為貴格，而在未月尤甚」。

辰戌丑未四月，同為土專旺之地。辰戌戊土，丑未己土，四隅之中，以未月為極旺，何也？土之體性隨四時以流動，辰：東方木氣主旺之地；戌：西方金氣主旺；丑：北方水氣主旺。土受木氣之剋，金水之洩，雖旺不旺，然未為南方火旺之地，土得火氣以生之，故未月土為極旺。陽干有刃，陰干無刃，獨己土生未月，有刃，即此意也。辰戌丑三位，戌為火墓，較旺於辰丑，然論其用，土生四季，辰月之財滋殺，戌月之土金傷官佩印，未月之殺印相生（不可無水為配合），丑月之食傷生才（不可無火為配合），同為貴格，則以月令之神，同官聚貴故也。稼穡格見金必大富貴，獨未月火旺土燥，人多以不能生金而忽之，不知大暑之後，金水進氣，己土本性卑濕，雖火旺之月，自有生金之理也。

再論戊己

戊土固重，既中且正，靜翕動闢，萬物司令，水潤物生，土燥物病，若在艮坤，怕沖宜靜。

戊土為陽，其氣固重，居中得正，春夏氣動而闢，則發生；秋冬氣靜而翕，則收藏，故為萬物之司令也。其氣高亢，生於春夏，火旺而水潤之，則萬物生發，燥則物枯。生於秋冬，水多宜火暖之，則萬物化成，濕則物病。艮坤者，寅申之月也，春則受剋，氣虛宜靜，秋則多洩，體薄怕沖。或坐寅申日，亦喜靜忌沖。又生四季月者，最喜庚申辛酉之金，秀氣流行，定為貴格，己土亦然。如柱見木火，或行運遇之，則破矣。

己土卑濕，中正蓄藏，不愁木盛，不畏水狂，火少火晦，金多金光，若要物旺，宜助宜幫。

己土為陰，濕之土，中正蓄藏，貫八方而旺四季，有滋生不息之妙用焉。不愁木盛，其性柔和，木藉以培養，木不剋也。不畏水狂者，其體端凝，水得以納藏，水不沖也。火少火晦者，丁火也，陰土能斂火晦火也。金多金光者，辛金也，謂土能生金潤金也。柱中土氣深固，又得丙火去其陰濕之氣，更足以滋生萬物，所謂宜助宜幫者也。

戊土喜用提要

正月丙甲——無丙照暖，戊土不生，無甲疏劈，戊土不靈。
　　癸——無癸滋潤萬物不生，先丙次甲，次癸。

二月丙甲——無丙照暖，戊土不生，無甲疏劈，戊土不靈。
　　癸——無癸滋潤萬物不生，先丙次甲，次癸。

三月甲丙癸｝戊土司令，先用甲疏，次丙，次癸。

四月甲丙癸｝戊土建祿，先用甲疏劈，次取丙癸。

五月壬甲丙——調候為用，先用壬水，次取甲木，丙火配用。

六月癸丙——調候為用，癸不可缺，丙火配用。

　　甲——土重不能無甲。

七月丙癸——寒氣漸增，先用丙火。

　　甲——水多，用甲洩之。

八月丙癸——賴丙照暖，喜水滋潤。

九月甲丙——戊土當權，先用甲木，次取丙火。

　　癸——見金，先用癸水，後取丙火。

十月甲丙——非甲不靈，非丙不暖。

十一月丙甲——丙火為尚，甲木為佐。

十二月丙甲——丙火為尚，甲木為佐。

己土喜用提要

正月丙庚——取丙解寒，忌見壬水，如水多，需以戊土為佐。

　　甲——土多用甲，甲多用庚。

二月甲癸丙——用甲忌與己土合化，次用癸水潤之。

三月丙癸甲——先丙後癸，土暖而潤，隨用甲疏。

四月癸丙——調候不能無癸，土潤不能無丙。

五月癸丙——調候不能無癸，土潤不能無丙。

六月癸丙——調候不能無癸，土潤不能無丙。

七月丙癸——丙火溫土，癸水潤土，七月庚金司權，丙能制金，癸以洩金。

八月丙癸——取辛輔癸。

九月甲丙癸——九月土盛。宜甲木疏之，次用丙癸。

十月丙甲——三冬己土，非丙暖不生。

戊——初冬壬旺，取戊土制之，土多，取甲木疏之。

十一月丙甲——三冬己土，非丙暖不生。

戊——深冬壬水太旺，取戊土制之，土多，取甲木疏之。

十二月丙甲——三冬己土，非丙暖不生。

戊——壬水太旺，取戊土制之，土多，取甲木疏之。

論金

春月之金，餘寒未盡，貴乎火氣為榮，性柔質弱，欲得厚土為輔。

金者，秋令肅殺之氣，時至春月，大地回春，肅殺之用無存，故金在正月為絕地。二三兩月為胎養醞釀之時，外用幾乎熄滅，性柔質弱，春金之體也。若論其用，扶抑兩難，貴乎火氣為榮者，藉火除寒，非取其剋，溫暖而潤，方成有用之金。故火必具土兼，無火則土寒，未能養金，無土則火烈，反而剋金，此言初春之金也。二三月間，陽氣漸盛，宜濕土生金，略得火以溫之，若火生旺而無水，則嫌燥烈，金體脆弱，不堪煅煉。總之春金不能無土，惟土多有埋金之憂；不能無火，惟火旺有熔金之慮。言厚土為輔者，三春木旺之時，土氣虛浮，不厚則不能得輔金之用也。

水盛增寒，難施鋒鋭，木旺損力，剉鈍可虞，金來比助，扶持最妙，比而無火，失類非良。

水，金之食傷也，春金微弱，何堪盜洩其氣？在初春餘寒未盡，水盛更增其寒；木，金之財也，木旺乘權，衰金何能剋之，勢必反受其困，故春金見盛水旺木，唯有比助，可以解危。然有比劫無火，又嫌其頑鈍不靈，需有火相制為用。

總之金之體堅剛，其用鋒鋭，生於春月，非時之金，失其原來之功用，金恃扶助之力，求其配合中和，其非易事也。

夏月之金，尤為柔弱，形質未見，尤嫌死絕。

金生於巳，四五六月，乃金長生、沐浴、冠帶之位，何以尤為柔弱？蓋火金之間（夏秋）尚隔以土。土寄旺於火鄉，燥烈之土，不能生金，故金雖生於巳，而實形質未具，較之春令，尤為柔弱，此夏金之體性也。若年日時支，再臨死絕之位，更無成立發用之可能也。

火多不畏，水盛呈祥，見木而助鬼傷身，遇金印而扶持精壯，土薄最為有用，土厚埋沒無光。

夏金體性柔弱，何以火多不畏？蓋巳午未月，皆暗藏土，暗土雖不能生金，有土隔之，火亦不能熔金也。最宜見水，得水制火，潤土以生金，見木則破土助火以剋金。火，金之官也，剋身為鬼，即殺也。柔弱之金，喜土生助，然死金嫌蓋頂之泥，土厚則埋金，故夏金喜土，只宜一二點，更需有水潤之，土潤生金，為最適宜。夏金喜水滋潤之外，更宜比助，蓋水至夏令絕地，火土乾燥，無源之水易涸，必須有金生之，則源源不絕，乃能收制火潤土之功，不僅幫扶之益也。

秋月之金，當權得令。

秋氣肅殺，正金神當權得令之時，外陰內陽堅剛之性，獨異於眾，萬卉遇之，無不摧毀，此秋金之體性也。

火來煅煉，遂成鐘鼎之材，土多培養，反惹頑濁之氣，見水則精神越秀，逢木則琢削施威，金助愈剛，過剛則折，氣重愈旺，旺極則摧。

秋金至剛至銳，得火煅煉，乃成鐘鼎之材，當權得令之金，何勞印綬相生，土多培養，反增頑濁之氣，故秋金用官殺，喜用財生，不宜以印為輔，以損為益也（此言庚金）。強金得水，方挫其鋒，氣旺得水洩金清水秀，愈顯其精神，為金水傷官格（此言辛金）。木至秋而凋零，以旺金剋死木，如摧枯拉朽，任意施威。木，金之財也，以水培木，而金任之，為食神生財，皆上格也。秋金旺極，再得金助，則氣重而愈旺愈剛，無火剋之，或水洩之，皆有滿極招損之危，過剛則折，旺極則摧，乃必然之勢也，兩句意重出。

冬月之金，形寒性冷。

金至冬令，旺氣已過，氣洩而弱，金之形質，本是寒肅，至隆冬之時，與嚴寒之氣候相弁，性至冷酷，此冬金之體性也。

木多難施琢削之功，水盛，未免沉潛之患，土能生金制水，金體不寒，火來助土，子母成功，喜比肩，敗氣相扶，欲官印，溫養為利。

三冬水旺秉令，金氣暗洩，衰金不能剋木，見木多，不能施琢削，此言不能用財也。水為時令旺氣，金見水為真傷官，金能生水，水旺金沉，衰金衰矣，形藏用息，無補於金，必須濟之以火，火土相生，金得溫養，方能顯其用。總之冬金不離官印，官，火也，印，土也，單見印亦無益（如干見己土，支見辰丑，為濕泥恆凍），必須有官殺助之，方得溫養之利。金水傷官，不能離官，土金印綬，亦不能缺官，無官不成格，重言以見其重要也。

再論庚辛

庚金帶煞，剛健為最，得水而清，得火而銳，土潤則生，土乾則脆，能嬴甲兄，輸於乙妹。

庚乃秋天肅殺之氣，剛健為最。得水而清者，壬水也，壬水發生，引通剛殺之性，便淬厲晶瑩。得火而銳者，丁火也，丁火陰柔，不與庚金為敵，良冶銷熔，遂成劍戟，洪爐煅煉，時露鋒鍖。生於春夏，其氣稍弱，遇丑辰之濕土則生，逢未戌之燥土則脆。甲木正敵，力能伐之，與乙相合，轉覺有情，乙非盡合庚而助暴，金亦非盡合乙而反弱也，宜詳辨之。

辛金軟弱，溫潤而清，畏土之疊，樂水之盈，能扶社稷，能救生靈，熱則喜母，寒則喜丁。

辛金乃人間五金之質，故清潤可觀，畏土之疊者，戊土太重而涸水埋金。樂水之盈者，壬水有餘而潤土養金也。辛為甲之君，丙火能焚甲木，合而化水，使丙火不焚甲木，反有相生之象；辛為丙火之臣，丙火能生戊土，合丙化水，使丙火不生戊土，反有相助之美，豈非扶社稷救生靈乎？生於夏而火多，有己土則晦火生金，生於冬而水旺，有丁則暖水而養金，所謂：熱則喜母，寒則喜丁也。

庚金喜用提要

正月戊甲壬、丙丁——用丙暖庚性，慮土厚埋金，需甲木疏洩，火多用土，支成火局用壬。

二月丁甲庚——庚金暗強，專用丁火，借甲引丁，用庚劈甲。
丙——無丁用丙。

三月甲丁——頑金宜丁，旺土用甲，不用庚劈。
壬癸——支火宜癸，干火宜壬。

四月壬戊——丙不熔金，惟喜壬制，次取戊土丙火為佐。
丙丁——支成金局變弱為強，需用丁火。

五月壬癸——專用壬水，癸次之，需支見庚辛為佐，無壬癸，用戊己洩火之氣。

六月丁甲——若支會土局，甲先丁後。

七月丁甲——專用丁火，甲木引丁。

八月丁甲、丙——用丁甲煆金，兼用丙火調候。

九月甲壬——土厚先用甲疏，次用壬洗，忌見己土混壬。

十月丁丙——水冷金寒愛丙丁，甲木輔丁。

十一月丁甲——仍取丁甲，次取丙大照暖，一派金水，不入和暖之鄉，孤貧。

丙——丙丁需臨寅巳午未戌支，方為有力。

十二月丁甲——仍取丁甲，次取丙火照暖，一派金水，不入和暖之鄉，孤貧。

丙——丙丁需臨寅巳午未戌支，方為有力。

辛金喜用提要

正月己壬庚｝辛金失令，取己土為生身之本，欲得辛金發用，全賴壬水之功，壬己並用，以庚為助。

二月壬甲——壬水為先，水旺用甲。

三月壬甲——甲木疏土，再用壬水，以金發水源。

四月壬甲癸｝壬水洗淘，兼有調候之功，更有甲木制戊，一清澈底。

五月壬己——己無壬不濕，辛無己不生，故壬己並用。

癸——無壬用癸。

六月壬庚甲 先用壬水，取庚為助，忌戊出，得甲制方吉。

七月壬甲——壬水為專，甲戊酌用。

戊——不可用癸水。

八月壬甲——壬水洗淘，如見戊己，需甲制土，支成金局，無壬需用丁火。

九月壬甲——九月辛金，火土為病，水木為藥。

十月壬丙——先壬後丙，名「金白水清」，餘皆酌用。

十一月丙戊壬甲 冬月辛金，不能缺丙火溫暖，餘皆酌用。

十二月丙壬戊己 同上，丙先壬後，戊己次之，總之丙火不可缺少。

論水

生於春月，性濫滔淫。

水者，三冬嚴寒之氣候，其性冷酷。時屆春令，陽和日暖化為濕潤，氣勢漫而無歸宿，故水至春令為病死墓地，旺氣方退，多則泛濫，少則枯竭，散漫無源，春水之性也。

再逢水助，必有崩陽之勢，若加土盛，則無泛漲之憂，喜金生扶，不宜金盛，欲火既濟，不要火多，見木雖可施功，無土仍愁散漫。

水性泛濫，再逢水助，必致汪洋無度，故春壬支見劫刃，干透比劫者，必須戊土制之，有戊隄防不虞泛漲。然春水外象洶湧，內性柔弱（有旺木洩水之氣），無劫不需用戊，見戊多，更宜甲木制之，方不致塞水之流也。水以金生為源，三春木旺火相，水之氣洩而涸，得金生扶，則源遠流長，且可制木，故春水不能缺金生扶也，然不宜多金，金多則水濁。水火以既濟為義，無火則水性寒，故壬丙不相離，壬得丙照，名「春江水暖」，氣勢融和，然不宜旺，旺則水涸，必須比劫為救。春木當旺，春水見木，為水木真傷官，然水少則氣洩，必以印劫為救（金水）；水盛則木浮，必以土培其根，火暖其氣，方有水木清華之象。此水木傷官，所以喜財官也。

夏月之水，復性歸源。

水至夏令，氣勢衰絕，復其本性則靜止，歸向源頭則澄泓，用息形藏，此夏水之性也。

時當涸際，欲得比肩，喜金生而助體，忌火旺而燄乾，木盛則盜其氣，土旺則止其流。

涸際者，乾涸之際也，夏水衰絕，而值火土燥烈之時，自然乾涸。僅得金生，猶嫌不足，更需比劫助之，蓋金雖能生水，而夏月金氣微弱，無水為助，金必被熔，以水衛金，以金生水，相濟為用，方能存形藏體絕之水也。火為當旺之氣，又有土同旺，若四柱火多，則無源之水，必被燄乾。木盛則洩水之氣，以助火旺，火土重，則速其乾涸，總之氣值衰絕，只能生助，不能剋洩，體弱氣衰，易遭損害也。

秋月之水，母旺子相，表裏晶瑩。

母，金也，子，水也，三秋金神秉令之時，壬水長生，母旺子相，勢力並行，金水澄清，表裏晶瑩，此秋水之體也。

得金助則清澄，逢土旺而混濁，火多而財盛，木盛則子榮，重重見水，增其泛濫之憂，疊疊逢土，始得清平之意。

秋水以澄澈為貴，得金生之，更見清澄，金白水清，秀氣發越。土重混濁者，己土也，不能止水，而水扶泥沙以同流，徒然混濁也；逢土清平者，戊土也，壬水沖奔，非戊土不能止。癸日得壬劫，性與壬同，重重見水，泛濫堪虞，得戊土隄防，則水入正軌，自得清平也。火，水之財也，木，火之食傷也，秋水旺相，火雖多，力能剋之，故火多而財盛。水旺，則喜洩其秀，故木盛則子榮。

冬月之水，司令當權。

水歸冬旺，嚴冬寒酷，冬水之性也。

遇火，則增暖除寒，見土則形藏歸化，金多，反曰無義，木盛是為有情，土太過，勢成涸轍，水泛濫，喜土隄防。

水之性潤下，其象澄泓，雖在冬令當旺之時，而值萬象休止之候，見土則形藏歸化，其用不彰。譬如崖高水急，水行地中，無用可言，故冬水雖旺，不能專以官殺為用也。冬水極旺之時，何勞金生，水冷金寒，反為無義，遇火，則增暖除寒，水得陽和之氣而活動，方能洩秀於木，滋潤於土，溫暖於金，大用全彰，方成有用之水，此火所以為最要也。嚴寒之際，水少土多，則冰結池塘，兩失其用，唯有值水勢泛濫之時，方喜用土為隄防，然亦不能缺火，所以冬水唯財生官為上格，調和氣候，為最重要也。

再論壬癸

壬水通河，能洩金氣，剛中之德，周流不濟，通根透癸，沖天奔地，化則有情，從則相濟。

壬水為陽，通河者，天河也，長生在申，申在天河之口，又在坤方，壬水生此，能洩西方肅殺之氣，所以為剛中之得也。百川之源，周流不滯，易進而難退也，如申子辰全，又透癸水，其勢泛濫，縱有戊己之土，亦不能止其流。若強制之，反沖激而成水患，必須用木洩之，順其氣勢，不至於沖奔也。合丁化壬，又能生火，不息之妙，化則有情也。生於四五六月，柱中火土並旺，別無金水相助，火旺透干則從火，土旺透干則從土，調和潤澤，仍有相濟之功也。

癸水至弱，達於天津，得龍而運，功化斯神，不愁土火，不論庚辛，合戊見火，化象斯真。

癸水非雨露之謂，乃純陰之水，發源雖長，其性極弱，其勢最靜，能潤土養金，發育萬物。得龍而運變化不測，所謂逢龍則化，龍即辰也，得辰而化者，化神之原神發露也。凡十干逢辰位，必干透化神，此一定不易之理也。不愁火土者，至弱之性，見火多即從化矣。不論庚辛者，弱水不能洩金氣，所謂金多反濁，癸水是也。合戊見火者，陰極則陽生，戊土燥厚，柱中得丙火透露引出化神乃為真也。若秋冬金水旺地，縱使支遇辰龍，干透丙丁，亦難從化，宜細詳之。

壬水喜用提要

正月庚丙——無比劫者，不必用戊，專用庚金，以丙為佐。

戊——如比劫多，又宜制之，一戊出干，名「一將當關，群邪自伏。」

二月戊庚辛——三春壬水絕地，取庚辛發水之源，水多用戊。

三月甲庚——甲疏季土，次取庚金發水源，金多須丙制之為妙。

四月壬庚辛癸——壬水極弱，取庚辛為源，壬癸比助。

五月癸庚——取庚為源，取癸為佐。
　　辛——無庚用辛。
六月辛甲——以辛金發水源，甲木疏土。
七月戊丁——取丁火佐戊制庚，戊土通根辰戌，丁火通根午戌，方可為用。
八月甲庚——無甲，用金發水之源，名「獨水犯庚辛」，體全之義。
九月甲丙——以甲制戌中戊土，丙火為佐。
十月戊丙、庚｝如甲出制戊，需以庚金為救。
十一月戊丙——水旺宜戊，調候宜丙，丙戊必須兼用。
十二月丙丁、甲｝上半月專用丙火，下半月用丙，甲木為佐。

癸水喜用提要

正月辛丙——用辛生癸水為源，無辛用庚，丙不可少。
二月庚辛——乙木司令，專用庚金，辛金次之。

三月丙辛甲——上半月專用丙火，下半月雖用丙火，辛甲為佐。

四月辛——無辛用庚。

五月庚辛壬癸——庚辛為生身之本，但丁火司權，金難敵火，宜兼用比劫，方得庚辛之用。

六月庚辛——上半月金神衰弱，火氣炎熱，宜比劫幫身，同五月。

壬癸——下半月無比劫亦可。

七月丁——庚金得祿，必丁火制金為用，丁以通根午戌未為妙。

八月辛丙——辛金為用，丙火為佐，名「金暖水溫」，需隔位同透為妙。

九月辛甲壬癸——專用辛金，忌戊土，要比劫滋甲，制戊為妙。

十月庚辛——亥中甲木長生，洩散元神，宜用庚辛。

戊丁——水多用戊，金多用丁。

十一月丙辛——丙火解凍，辛金滋扶。

十二月丙丁——丙火解凍，通根寅巳午戌方妙。癸己會黨，年透丁火名「雪後燈光」，夜生者貴。支成火局，又宜用庚辛。

格局

我們在定格局的時候，一定要先弄清楚體用之分。體是格局，用是用神。而我們在找用神之前，必須先了解格局，因用神從格局而出。如不明其格，便不知其用。因此，人們常有捉錯用神之情況出現，這皆因體用不明所致。

我們論命時，皆把格局分為下列：正官格、七殺格（又名「七煞」）、正財格、偏財格、正印格、偏印格、食神格、傷官格、建祿格、羊刃格（又名「陽刃」）等，但是格局是體而非用神，這點我們必須清楚了解。

至於格局從何得出呢？格局皆從月令而得，而我們明白體以後，再尋用神便簡單容易得多了。

日	月	
甲	寅	建祿格
甲	卯	羊刃格
甲	辰	偏財格
甲	巳	食神格
甲	午	傷官格
甲	未	正財格

日	月	
甲	申	七殺格

日	月	
甲	酉	正官格

日	月	
甲	戌	偏財格

日	月	
甲	亥	偏印格

日	月	
甲	子	正印格

日	月	
甲	丑	正財格

用神

我們得出格局以後，便要了解取用神之種類及方式。取用之分大概有以下五種：

一、扶抑日元；二、扶抑用神；三、通關；四、病藥；五、調候等。

此外，還有變格如從旺、從化、從勢等，隨後在「特別格局」一章會再作詳細介紹（詳見239頁）。

一、扶抑日元之取用法

扶抑日元之方法共有兩種：扶者用比劫助之或用印以生之；抑者用官殺剋之，食傷洩之。

扶日元之取用法

才官旺用印

財 丁亥 比
才 丙午 財官
　 壬寅 食
官 己酉 印

壬水生於五月，乃胎絕之地，體性極弱，見時支酉金，如子得母，專用印綬，寅午會局，丙丁出干，財旺破印，故兼取亥宮壬水制火，方能顯酉金之用。

官殺旺用印

丁卯
癸丑
丙申
戊子

丙火生十二月，雖陽氣已進，但子申會局，癸水出干，凍雲蔽日，丙火弱極，喜得戊土合癸，丁火暖木，方能取卯中之乙木生丙火。

以上兩造雖劫印並用，但因官煞太旺，故以印為主，以劫為助。

才旺用劫

癸酉
癸亥
戊子
丁巳

此造歸祿格，戊土生於十月，財星當旺，兩癸出干，水旺土盪，印被財破，故不能用劫，因時上之祿為用，故印只為劫之助而己。財旺用劫，富貴。

甲辰
甲戌
甲辰
甲戌

此造秋木為體，天元一氣，支聚四庫，月令財星當旺。甲木生戌月，為養位，枝葉凋零，喜得甲木坐辰，水土培根。財旺用比，富貴壽考之命造也。

抑日元之取用法

傷官格

戊戌
辛酉
戊戌
戊午

戊土生於八月金旺秉令，但日元重重生旺，故必取當令之傷官為用，原因日元太旺，故此體用互換，此乃體用之變也。體用最易混雜，宜細辨之。

煞刃格

丁卯
丙午
丙子
壬辰

此煞刃格，丙生午月，陽刃秉令，丙丁透出乘旺，炎威莫當。好在子辰會局，不沖午刃，七殺高透，以殺制刃為用，因丙火太旺，用壬水抑之，正陽刃駕煞，威權萬里。

二、扶抑用神之取用法

扶者，我所需用之神太弱而扶之；抑者，需用之神太強，不為我用，反為我敵，要裁之抑之，方能為我所用。扶弱方面，所包含之格局，如才生官格、才滋弱殺格、官殺生印格、食傷生財格等皆是。至於抑強，所包含之格局則如貪傷制殺格、才破印格、才洩食傷格、印洩官殺、印制食傷格。

扶用神之取用法

官印相生格

甲子
丙寅
己丑
甲子

己土生於正月，田園猶凍，支聚子丑，濕土凝冷，專取丙火為用。正月丙火初生，其氣未旺，喜得寅宮甲丙並透，官旺生印，轉生己土，運行東南，安享太平。

才滋弱殺格

甲午
戊辰
戊申
戊午

戊土生於三月，土旺秉令，三戊並透，有填江塞海之勢，非甲木不能疏土。三月陽壯木渴，土重木折，妙在申辰暗會，財滋弱殺。

才旺生官格

己卯
戊寅
乙卯
庚辰

乙木生於正月，寅為木神臨官祿位，支全寅卯辰，東方一氣，木旺極矣。旺者喜抑，必取庚金為用，無如庚金至寅為絕地。木堅金缺，必須戊己財以生之，更喜金坐辰土，財旺生官。

食神生財格

甲申
丙寅
壬申
庚子

天地之氣，水火而已，故壬喜丙，丙喜壬，如江湖日照，輔映光暉。此造壬水生正月，寅為水之病地，春水氣竭，有庚金生之，子申會局，弱變為強，專用丙火，喜得寅宮甲丙並透，食神得祿，洩水之氣以生才，壬丙相映成輝，為食神生財格。

抑用神之取用法

印旺用才格

戊辰
甲寅
丁卯
戊申

丁火生正月，不旺不烈，甲木秉權，寅卯辰氣全東方，有木多火塞之象。印成象而太強，取財破印為用，專用申宮一點庚金。

煞旺食制格

癸未
辛酉
乙酉
丁亥

木至八月為胎位，生氣內歛，外象枯萎，為乙木之本性，支得亥未遙會，根株深固，不畏剋制，辛金七殺乘權，金氣太強，取丁火制之，食神制殺為用。

印洩官煞格

壬申
壬寅
丙子
乙未

丙火生於正月，固以壬水為貴，但兩壬並透，子申會局，春水汪洋，丙火氣為之攝。喜得生於正月，甲木得祿，乙木出干，取印化殺為用，洩壬水而生丙火。

印制食傷格

丁酉
戊申
戊申
戊午

戊土生於七月，庚金秉令之時。秋金洩土之氣，子旺母衰，喜午宮丁火出干，取丁火制金暖土，為食神佩印格。

財洩會傷格

戊戌
己未
丙子
庚寅

丙火生六月，炎威未退，氣勢將衰。時逢寅長生，年支戌墓地，三處通根，固不為弱。無如四柱土旺，食傷太重，戊己並透，晦火之光，專取一點庚金洩土之氣，所謂用神過旺者，宜洩不宜剋是也。

三、通關之取用法

通關者，除日元以外，有二神兩相對峙，勢均力敵，難以取捨。唯有貫通其氣，使其歸於一致，方能為我所用。其他之宜忌需要，再作緩論，先其所急耳。

官傷兩停用才

戊寅　秋土氣寒，宜用丙火，無如寅申一沖，印被財破，不能為用。庚
庚申　金為月令當旺之氣，透出天干，甲木坐子臨官在寅，且與日主相合，
己丑　官傷勢均力敵，親疏輕重相等，不能取捨。唯有用申宮壬水，洩傷官
甲子　之氣以生官星，運行水木，最為得意。

財印兩停用官

己亥　己土生於仲冬，凍土固當用丙，然巳午成方，丙火出干，陽和己
丙子　土大地。月令財星秉令，亥子成方，財旺損印，唯有取亥宮甲木官星
己巳　通才印之氣，上造傷，官力均用財，此造為才印力均用官，皆以通關
庚午　為用。

制過七殺用才

壬寅
戊申
丙戌
丙戌

丙火生於七月，炎威初熠，日時兩戌，通根身庫，年支寅又值長生，丙雖衰而不弱，月令庚金得祿，壬水長生，透出天干，當以壬水為貴，無如天干透兩戌，地支兩戌，制殺太過，且晦火之光，專取庚金化食生煞為用，貫通戊壬食煞之氣，亦為通關之意也。

比劫奪財用食神

丁酉
丙午
丁酉
己酉

丁火生午月，月令建祿，支聚三酉，正合火長夏天金疊疊格也。為比劫出干，爭財為病，專取己土食神化劫生才為用，亦通關之意也。

四、病藥之取用法

《五言獨步》云：「有病方為貴，無傷不是奇，格中如去病，財祿兩相隨。」到明代張神峰出，將之演變為病藥之說。其認為八字必須有病，方為貴格。如無病，即不足為貴。但要知八字需要中和，貴賤豈在病藥之中？其實《獨步》之意是說：有病未足為害，得藥為救，無礙亦為貴格，實非有病方為貴格。太強太弱病也，扶之抑之即藥也。扶抑之用已詳述矣，故此節所談之病與藥之用，乃原局有所適合需要之用神，為別干所制，以致用神受傷，此之為病。在這種情況下，便不能再用需要之神，而需以去病之神為用，是之為藥。譬如夏木喜印，原局見壬癸，極合夏木之需要。無如別干透戊剋制壬癸，此戊土乃病神也（又名「忌神」），故不能以壬癸為用，而需以能去戊土之甲木為用。甲木乃藥也，有甲制戊，壬癸方顯潤澤之功。因此去病之藥如原局有之，即可終身獲福；如大運逢之，則此五年十年獲其益也。

例：

壬戌
己酉
丁丑
甲辰

丁火昭融，雖生於八月，惟不以衰竭為忌。原局有印相生，月令財旺生官，乃富貴並全之局也。無如己土出干，混濁壬水，只能取甲木制己土為用，而不能以財官為用矣。好在甲己隔位不合，可以相制，酉丑會局富重貴輕。

戊子
壬戌
甲寅
庚午

秋木枯凋，寅午戌又會火局。《滴天髓》云：「虎馬犬鄉，甲來成滅。」此之謂也，枯朽之木，雖見庚金無取，必須用壬突破火局，方可云富貴。無如戊土出干為病，必須用甲木比肩，去土為救。原局無比肩，名「有病無藥」，終生受損，雖行比肩之運，發福亦不足也。

己丑
丁丑
甲辰
癸酉

甲木生於冬令，地支酉丑合金，辰酉亦合金。雖甲木逢辰丑有根，但冬令無火則萬物不生，必以月干丁火調候為用。無如癸水出干而旺，剋傷丁火，為有病無藥，貧而且賤。

戊申
戊午
乙巳
壬午

乙木生於炎夏，名為「氣散」，且地支適逢旺火，必以印綬為用。時上壬水透干，通根於申，可惜申宮壬水，遠隔年支。天干戊土重重，剋傷用神，雖有祖蔭，然不及其身耳。

戊子
己未
壬午
壬寅

壬水生於未月地支火旺，必以劫刃為用，可惜天干戊己雜出，子水又逢旺土，貼身相剋為病。好在運走西北，為有病得藥。

五、調候之取用法

五行生剋之理，本是氣候相生相制之代名詞。但如果只説其生剋，實不足以盡其變化，因為五行中除正生剋以外，尚有反生剋之理，如：土能生金，而夏令燥土，不能生金，得水潤之，才能生金；金能生水，秋冬寒燥之金，不能生水，得火溫之，水暖金溫；水能生木，寒冬冰凍之水，不能生木，得火照暖，木乃敷榮；木能生火，春夏陽壯木渴，木火自焚，得水潤其根，乃有通明之象。換言之，夏令不可無水，冬令不可無火，可見其不僅相生為生，剋洩亦為生，此即《滴天髓》之「兒能生母」之意也。在需要調候之時，只以調候為重，其餘概置緩論。先其所急需也，五行皆需要調候。

例：

壬申
癸丑
乙丑
辛巳

乙木生十二月，水凍木枯，天干金水相生，然寒金凍水，不足以為木之輔助，反而凍木。惟巳宮丙火暗藏，木得陽和之氣，乃能敷榮，名「寒木向陽」，調和氣候，非此不可也。煞印概置緩論。

癸卯
乙丑
己亥
己巳

己土生於十二月，冰結池塘，凍水枯木，何能剋土？唯有取巳宮丙火，不僅暖土，且得此一點陽和，才官方有生意，故非丙火不可也。冬土見丙，名「寒谷回春」，調候為急。才官概從緩論。

壬辰
癸丑
辛丑
甲午

辛金生於十二月，丑宮辛癸並透，為金水真傷官，金寒水冷，非火溫暖不為功，書云：「金水傷官喜見官」，即調候之意也。好在時逢甲午，甲木引丁，金水溫暖也。

丁丑
丙午
乙丑
丁亥

乙木生仲夏，木火真傷官，丙丁齊透，火旺有木焚之象。木性枯焦，非水潤澤，不足以救濟，喜得時支見亥，壬水之祿，制火潤土，木自繁榮。夏月木火傷官，非用印不可，即調候之意也。

用神之順逆

順者財、官、印、食；逆者梟、傷、殺、刃。

財喜食神以相生，生官以護財。
官喜透財以相生，生印以護官。
印喜官殺以相生，劫財以護印。
食喜生旺以相生，生財以護食。
以上為用神之順者。

七殺喜食神以制伏，忌財印以資扶。
傷官喜佩印以制伏，生財以化傷。
陽刃喜官殺以制伏，忌官殺之俱無。
梟神喜逢財以制伏，忌官殺以生之。
以上為逆用者。

月令為提綱

看八字專主提綱（月令），然後將四柱干支統歸月令以觀喜忌。用神雖不一定為月令，但必從月令喜忌所出。

正官佩印，是月令正官。
官殺旺以印化之。
見食傷礙官而用印制之。

印綬用官，官印相清，是月令印綬。
日元得印滋生而旺，別干透官而言得財生，而財印不相礙，是為官清印正，官印相全。

以上雖同是官印，但佩印者忌財破印，印綬用官者喜財生官。

食神生財，月令食神。
見財流通其氣，見比劫為忌。

財星透食，月令為財，餘干透食。
見食神為通關之神，見劫不以為忌。

偏印透食者，月令偏印。
　日元得印滋生而旺，以食神洩身之秀，忌見財星，用神為食。

食神逢梟，月令食神，別支見梟。
　為梟神奪食，宜用財制梟以護食。

殺逢食制而露印，月令逢殺別支食神制殺太過。
　宜露印去食以護殺生身。

印綬逢殺者，月令逢印而印輕。
　喜見殺以生印，是為殺印相生。

殺格逢刃，月令七殺日元必衰，日時逢刃，取以幫身以敵煞。

陽刃露殺，月令陽刃，日元必旺，取七殺以制刃，為殺刃格。

但以上宜忌，尚需察四柱之情。日主衰旺，未可拘執也。

成格

官逢財生，月令正官——
身旺官輕，四柱有財生官；身弱官重，四柱有印化官，又有正官
帶財兼印，但需財印不相礙。

財旺生官，月令財星——
身旺而四柱有官，則財自生官制劫。
身弱而四柱有劫，以比劫印綬分財，但需官劫不相礙。

財逢食生，月令財星——
身旺則食神洩秀而生財，財本忌比劫，有食神則不忌而喜，因有
食神化之。
身弱而有印比生助，印自能生劫以護之。

印輕逢殺或官印相全，月令印綬而身弱——以殺生印為殺印相生。
以官生印為官印相全。

印強身旺，月令綬印——喜食傷洩日元之秀，若印太多則需以財損印為用。
若原局財星太旺，印綬被傷，而原局有比劫去財扶印為用。

月令食神——四柱見財，為食神生財。
四柱透殺，則食神制殺為用，忌財黨殺，以無財為美。
煞旺而透印，則棄食就殺，以印化殺為用。此棄食就煞，雖月令食神不再以食神格論，惟四柱見梟印奪食亦棄食而就殺印。

月令傷官——身強以財為用，即傷官生財格成。
身弱以印為用，即傷官佩印。
傷官旺身主弱而透殺印，當以印制傷化殺滋生為用。雖月令傷官，但其重在印。
傷官帶殺而無財，則以傷官制殺為傷官駕殺，忌財黨殺。

月令陽刃——身旺以官殺制刃，印滋刃，財生殺，以財印並見為美，但需財印不相礙。

身旺亦可用食傷洩秀，但用官殺制者，不能再用食傷，故以不見食傷為格成。

四柱剋洩交加，反強為弱，宜見印洩官殺食傷以生身。

建祿月劫——透官而逢財印，即同官格。

透財而逢食傷，即同財格。

透殺而遇制伏，即同殺格食制。

敗格

正官格——見傷官則官星被制，見刑沖則官星受傷。

財格——財輕比重則財被劫奪。

財透七殺則生殺剋身。

印格——印輕逢財，則印被財破。
身強印重，需食神洩身之旺氣。若不見食神而見殺，則殺生印，印生身。

食神格——食神逢財印，則食神為梟印所奪。
食神生財而逢煞透，則食生財，財生殺，殺剋身。

傷官格——傷官以見官為忌，僅金水傷官可以見官，以調候為急。
傷官生財以透殺為忌。
身旺用傷，傷輕而見印則格敗也。

陽刃格——無官殺相制或食傷洩秀則破格。

建祿月劫——日主旺喜財生官，無財官而透殺印，印旺則生身破格。

成中有敗，必是帶忌，敗中有成，全憑救應——
帶忌即四柱有傷用破格之神，此即是病，應救為去病之藥。

因成得敗

正官格——逢財，財生官旺為格之成。

四柱又透傷官，則官星被傷而破格。

月令正官干頭透出，為格之所喜，再逢合為[丙 辛酉 甲]，官星不清而破格。

財格——財旺生官，月令財星生官為用，逢傷官破格。

財逢合則財被合去，孤官無輔為破格。

財旺身旺無食傷轉化，同為破格。

印格——食以洩身，月令印綬，日元生旺透食以洩身之秀為印格成，惟又遇財露則財損印為病而破格。

印輕而透殺，煞印相生，格之成也，而又逢財，則財破印而黨殺而破格。

食神帶殺印者——月令食神而無財，棄食而用殺印，或以印滋身、以食制殺，亦為成格。但見財則食生財，財生煞而破格。

七殺逢食制——以食制殺為用，逢梟印奪食而格敗。

傷官生財——身旺持財洩傷官之秀，財若被合則氣勢不流通而生財之格破。

傷官佩印——身弱持印滋身又逢財，則印被財傷而佩印之格敗。

陽刃格——喜官殺制刃，透官而見傷官，透殺而殺被合，失制刃之效用皆破格。

建祿月劫格——用官喜見財生，逢傷制官則失制劫之用。
用財喜見食傷生之，但又見印制食傷而破格。
用殺需食制之，見食傷又透印而破格。

敗中有成

官格，官逢傷官而透印以解之（月令官星）。例：

時	日	月	年
壬	甲	丁	
		酉	

月令官星上透傷官而破格，得時干壬水合丁，傷官被合去而不傷官星。

官格，刑沖以會合解之。例：

時	日	月	年
	戊		
巳	酉	卯	

月令官星而地支逢酉相沖則官星被破。若能得另一支合去沖神，則官星無傷而得救也。

財格，月令財星而透比劫則破格，若又透食傷則比劫生食傷轉而生財而財格不破。例：

時	日	月	年
丙	甲	己	
		丑	

或透官星以制劫，則變財旺生官而制劫，財格成。例：

時	日	月	年
辛	甲	己	
		丑	

月令財星而透七殺則破格，若又透食傷則七殺被制而不破格。例：

時	日	月	年
戊	丙		壬
		酉	

不透食傷而能合殺，亦不破格，為合殺以存財。例：

時	日	月	年
	癸	己	甲
		巳	

印逢財而破格（月令印綬而透財），如透比劫則財星被制而格不破。例：

時	日	月	年
甲	乙		戊
		亥	

或合財以去之。例：

時	日	月	年
	乙	癸	戊
		亥	

食神格，食神逢梟而破格（月令食神而逢梟）。若透殺，則可去食而用殺印以成格。例：

時	日	月	年
丙	甲	壬	庚
		午	

若不透殺而透財，則財破梟以護食而格成。例：

時	日	月	年
丙	甲	壬	戊
		戌	

食神制殺之局而透梟印破格，若能得財以去梟印以存食而格成。例：

時	日	月	年
丁	乙	癸	己
		酉	

傷官生財而透殺格破，若能合去七殺則格成。例：

時	日	月	年
庚	丙	丁	壬
		未	

陽刃格，以官殺制刃為用，帶食傷制官殺而破格。若能得重印以去食傷則格又成也。例：

時	日	月	年
庚	甲	癸	丁
	子	卯	

建祿格，用官而遇傷則破格。如傷官被合去而不傷官星，則可用而格又成也。例：

時	日	月	年
辛	甲	壬	丁
		寅	

如用財而透七殺則破格，若煞被合去，財不黨殺而格成也。例：

時	日	月	年
乙	庚	丙	辛
		申	

續論成敗應救

壬戌
己酉
丁丑
甲辰

月令財星生官，格之成也，但透己土食神官星被傷，成中有敗。

時干透甲印而財印不相礙，印綬制食，不傷官星，格局以成。

己卯
丙子
庚寅
辛巳

傷官帶煞而透印，格之成也，原可去傷而用殺印，但印坐財地被制，無力制傷化殺，此亦為成中有敗。又七殺通根寅巳而旺，故只有用傷官制七殺，以財為忌。

己卯
丙子
丙寅
丙申

月令官星，財印為輔，格之成也。可惜寅申相沖，財印兩傷，輔佐傾軋不得力，為成中有敗。

丁亥
丙午
壬寅
己酉

此造寅午會局，財官並透，格之成也，惜五月壬水太弱，不能任財官。喜得年支亥水得祿，時逢酉金正印相生為用，此敗中有成也。

丁巳
己酉
庚子
丁亥

月令陽刃，身旺用官，但官星兩頭卦，重官不貴為病。好在年上官星隔以己土正印，官印相生，而專用時上官星，為敗中有成也。

丁卯
丙午
丙子
壬辰

丙火月刃而身旺，透殺制刃格之成也。但日支子沖午刃，成中有敗，好在得時支辰子相合，格又得成。

癸酉
乙丑
庚寅
丙子

時上七殺透出，用年上癸水傷官制殺，但中隔乙木，則傷官生財，財生殺為格之敗也。妙在乙從庚合，則癸水不生乙木而制殺，以本身之合為救應也。

用神變化

用神主月令，但月令所藏不一，遂令用神有所變化。十二支中，子午卯酉為專氣，所藏僅一神；寅申巳亥為生地，所藏為長生祿旺之氣。寅中甲木祿旺，丙戊長生，故所藏為甲丙戊；巳中丙戊祿旺，庚金長生，故所藏為丙戊庚；申中庚金祿旺，壬戊長生，故所藏為庚壬戊；亥中壬戊祿旺，甲木長生，故所藏為壬戊甲。土寄生於寅申，寄旺於巳亥，但我們只講土長生於寅而祿於巳，因寅巳中有火之生，故土旺可用；申亥中有金水之洩，故土不可用。辰戌丑未為墓地，所藏者為餘氣及入墓之物——辰為木之餘氣，水之墓，而土為其本氣，故所藏為戊乙癸；戌為金之餘氣，火之墓，而土為其本氣，故所藏為戊辛丁；丑為水之餘氣，金之墓，而土為其本氣，故所藏為己癸辛；未為火之餘氣，木之墓，而土為其本氣，故所藏為己丁乙。

故以寅而論，甲為本主，乃當旺之氣，次者丙戊，亦已得氣。假使寅月為提，不透甲而透丙，是甲雖當令，惟此八字中，非其所管轄。丙雖次要，而為此八字之主持者，勢需捨甲而用丙，此為變化之由也。

變化之情況

如丁日干生於亥月，應為正官。如支全卯未，則三合木局而變化為印，而非官也。

如己土生於申月，應為傷官。若庚藏而透壬，則捨傷官而用壬變為財。

辛生寅月，月令正財秉令，透丙則以財生官旺為用，而不專以財論。

壬生戌月，月令七殺秉令，透辛則辛金餘氣作用，煞印相生，不專以煞論。

以上例子以透出而變化。

癸生寅月，月令傷官秉令，藏甲透丙，會午會戌，則寅午戌三合財局加以丙火透出，傷官化為財，完全作為財論。即使不透丙而透戊，亦作財旺生官論。

乙生寅月，月劫秉令會午，會戌則化劫為食傷，透戊則為食傷生財，不以比劫爭財論。

以上二例為會合而變化者也。

丙子
壬辰
壬申
乙巳

壬水三月為墓地，戊土七殺秉令，辰中不透壬乙，地支申子辰三合水局，則殺化為劫。春木餘氣，以乙木洩水之旺氣，丙火財星得祿於巳而成食傷生財格。

我們論命的時候，每以月令用神為主。但除格局及用神外，尚需配合氣候而互相參詳，如大英雄、大豪傑，生得其時，自然事半功倍；但遭時不順，則雖有才能，成功亦不易得。

如印綬遇官，謂之「官印相全」，得之者無人不貴。但如冬木逢之，則雖透官星，亦恐難以得貴，蓋因金寒遇水益凍，又凍水不能生木，其理自然也。

身印兩旺而透食神洩氣為貴，凡印格皆然。但用於冬木，尤為秀氣，因冬木遇火，不但可以洩身，而且兼有調候之用。

傷官見官，為禍百端，惟金水傷官見之，則反增其秀氣，此非官之不畏傷，而因調候為急，權而用之也。傷官帶殺，隨時可用，而用之冬金，其秀百倍。

傷官佩印，隨時可用，而用之夏木，其秀百倍，水火相濟也。

傷官用財，木為貴格，惟金水傷官用財，即使小富，亦多不貴，因凍水不生木也。

傷官用財，即為秀氣，惟用之夏木，則貴而不其秀，因燥土不其靈秀也。

春木逢火，則為通明，惟夏木不作此論。秋金遇水，為金水相涵，而冬金不作此論。氣有衰旺，取用自有不同也。春木逢火，木火通明，不利見官；而秋金遇水，金水相涵，則見官無礙。假如庚生申月，而支中或子或辰，會成水局，天干透丁，以為官星，則只要壬癸不透干頭，便為貴格。若與食神傷官見官之說同論，亦為調候之道也。

食神雖逢正印，亦為奪食。夏木火盛，用之亦秀而貴，與木火傷官喜見水印同論，為調候之意也。

此類之例甚多，故未能一一伸述之。若能在學習之時加以引伸，自行揣摩變通，自會神而明之。

以上為用神配以氣候之得失。

論相神（喜神）緊要

月令之用神既得，則別位亦必然有喜神相助，如君王有宰輔也。

如官逢財生，則官星為用，財星為相。財旺生官，則財為用，官為相；煞逢食制，則殺為用，食為相。然此乃一定之法，而非變通之妙訣。要而言之，凡全局之格，賴此一字而成者，均謂之「相」。

傷用有甚於傷身，而傷相又甚於相用

如甲用酉官，逢丁為剋傷官星，而又透壬，則合傷官以全官為格成，全賴壬之相。

戊用子財透甲並己，則合殺有財以成格者，全賴己土之相。

乙用酉殺，年丁月癸，時上逢戊，則合去癸印使丁得制殺者，全賴戊之相。

癸生亥月，透丙為財，財逢月劫，而卯未會亥，化水為木而轉劫以生財者，全賴卯未之相。

庚生申月，透癸洩氣，不通月令而金氣不甚靈。子辰會局，則化金為水而成金水相涵者，全賴於子辰之相。

如此之類皆相神之緊要也。

相神無破，貴格已成；相神有傷，立敗其格。如甲用酉官，透丁逢癸印，制傷以護官矣，而又逢戊。癸合戊而不制丁，癸水之相傷矣。

丁用酉財，透癸逢己，食制殺以生財矣，而又透甲，己合甲而不制殺，己土之相傷矣。

是皆有情而化無情，有用而成無用之格也。

附：看命捷訣

用之官星不可傷，不用官星儘可傷。用之財星不可劫，不用財星儘可劫。

用之印綬不可壞，不用印綬儘可壞。用之食神不可奪，不用食神儘可奪。

用之七殺不可制，制殺太過反為凶。
身殺兩停宜制殺，殺重身輕宜化殺，身強殺淺而生殺。
陽刃重重喜食神，若逢官殺亦生殃。財多身弱宜劫刃，劫重財輕喜食神。
官旺身衰宜印地，官衰印旺利財鄉。莫道梟神無用處，殺多食重最為良。
勿謂陽刃是凶物，財多黨殺亦為貞。此是子平真要訣，後之學者細推詳。

本章將詳細分析各種格局。六格——正官格、七殺格、財格、印格、食神格、傷官格，再加上建祿格及羊刃格，稱為「八格」。另外，亦有再分正財格、偏財格及正印格、偏印格，共為十格。

夫八格者為看命之正理。其看法為先看月令所得何支，次看天干透出何神，更要察看何為司令，然後綜合分析。若月逢祿刃，無用可取，便需看日主之喜忌，另尋他用。正格為五行之常理，如有不依常理者，稱為「變格」，日後自會再作論述。

正官格

月令正官，天干透出官星，是支藏干透。餘位不宜再見，且需日主健旺。若得財印生資扶，且財以生官印以生身，柱中不見傷官七殺，便為貴格。

正官太過

日干弱——正官天透地藏而復有強財生之，又不見有力之印綬資扶。

日干強——正官天透地藏復有強印，而成官印相生，自旺其身。

正官不及

日干強——印旺而洩弱官星，又無財生官破印。

日干強——官星輕而復見食傷損傷其勢。

正官格之成立

日干強——官星輕而有財相生。

官星旺，透食傷而有財轉化或印護之。

日干弱——官星旺而有印化之。

正官格之破敗

日干強——官星旺而逢有強財生之。

官星旺復見食傷剋之，使日主剋洩交加。

官星復見傷官——官星透干而別干再透為重官不貴。
官星見七殺相混——月令官星逢刑沖而不復會合和解。

正官格之喜忌

正官格一般喜身旺，有印綬制傷官以保護官星。
有食神制七殺，去其混雜而不合官。
有財生官而不剋印綬（財印不相礙）。
有財生官而財不為劫所奪。

忌——日干弱而無印生身。
有七殺混而不能去之。
有傷官剋官而無印制伏。
遇刑沖破害而不得會合和解。
見合神（合日干除外）而貪合忘官。
印太多而洩官之氣，且官引至時上為死絕之地。

正官格行運得失

日干強——印重而用財，宜得財星損印，喜見食傷生財，忌見比劫印運。
財輕官弱，喜行財官旺地，忌再行身旺之地。
食傷多取財為用，以財官運為得，比劫運為失。
比劫多取官為用，以財官運為得，印劫運為失。

日干衰——食傷多，取印為用，以官印運為得，傷財運為失。
官殺重，取印為用，以印比運為得，財官殺運為失。
財星多，取比劫為用，以比劫運為得，財官運為失。

此外，正官格本忌傷官，但如原命有七殺，逢傷官運合殺，取其制合七殺則不忌，去濁純清反為好運（陰干傷官合殺）。

正官格本忌劫財，但如帶七殺，則劫財運可合殺，也不忌（陽干劫財合殺）。

正官格身旺，本忌印綬洩官生身助身旺，但如原命帶七殺逢印綬取其化殺，亦不忌。

正官格原局帶七殺，不論傷官合殺，或以劫財合殺，或以印化殺，皆大忌再行七殺運，只有身旺而官弱見七殺助官才不忌。

正官格財印並透天干，如地位無間隔，則喜官殺運以流通之。

正官格若官星透露天干：行運遇傷官剋官，見食神比劫合官，見七殺混官，見正官變為重官，或遇見月支官星被刑沖會合，均非佳運。

正官格遇七殺運叫「官殺混雜」，若不貧困，生命亦有危險。

正官格原局有七殺，再遇七殺可能被判刑。

正官格遇食神比劫合官星，必辭職或免職。

正官格用財生官而遇劫財運，人格墮落或貪行。

正官格官星太旺再行官運，官多變鬼災非難免。

正官格流年歲君沖犯正官者，其年應有訴訟爭論糾紛或口舌之事。

正官之性格

人事：代表禮教、法律、上司、師長。

性情：代表正直、保守、負責任、重紀律。

逢六神為喜用則顯其優點，為忌則顯其缺點。

優點：為人光明正大，不卑不亢，重理智，守信用，個性溫厚沉着，態度謙恭穩重，守法理智，安於本位。其人不貪非分之財，重視精神方面的生活，且着重理想與現實的目標，有服務人群的精神，容易得到群眾的愛戴與敬仰。待人處事秉公尚義，有嚴以律己，寬以待人的君子風度。

缺點：個性不夠積極，做事總是按部就班，循序漸進，厭惡激進的手段，只求中庸之道。有滿足現實之感，有時會被生活上或工作上的重擔壓得喘不過氣來。

乙未
乙酉　金木並旺，水火調候無力，運行南方，惟得天干金水，尚獲清
甲辰　貴。
辛未

甲申
壬申　月令正官，兼用財印，喜其財印之間，中隔乙木，兩不相礙，故
乙巳　可兼用。然秋木凋零，官逢生逢祿，財亦逢生逢祿，財官太旺，宜取
戊寅　印劫助身用。

庚寅 乙酉 甲子 戊辰

月令官星而七殺透出，為七殺旺也，此以透出而變為七殺格。蓋因局中配合得宜，故食傷財印運皆可行，獨忌再行官殺之運。

丁丑 壬寅 己巳 丙寅

官格用印，本忌見財，此局丁壬相合，互相牽制，格局亦因合而清，宜為大貴之格。

己卯 辛未 壬寅 辛亥

此命雖正官當令，惟地支亥卯未三合木局，官化為傷，日元又坐寅木，寅亥又合而化木，致傷官重重。日元洩氣太甚，故以辛印制傷滋身為用。己土官星雖透，惟取其生印而已。

乙未 辛巳 辛亥 乙未

此命辛金生四月正官當令，但因金於夏月，火旺金熔，燥土不生，見水潤之，才有反生之功，所以其重在壬水。

壬子
丁未
壬子
辛亥

此造壬水雖生六月，惟兩逢羊刃，時逢得祿，所以反以月令官星為用，官弱喜透財以生之，可惜丁壬一合，用神受羈絆，使其志不能遠達，中等而己。

七殺格

月令七殺或年月時干支得位，不宜重見，又需日主健旺，得食神相制為貴格。或月令七殺，身主衰弱，得印化之成殺印相生，亦為貴格。

七殺太過

日干弱——七殺天透地藏得時得勢，又不見食傷制伏。財多生殺，又不得比劫幫身。

日干強——七殺天透地藏復有強印，而成殺生印，印生身，日主自旺其身。

七殺不及

日干強——食傷重而無財通關滋殺，制殺太過。
印星多，七殺洩氣過甚，又不見財破印生殺。

七殺格之成立

日干強——殺重有食神制殺。
殺弱有財滋殺。

日干弱——財生旺殺，而有陽刃合殺幫身劫財。
殺旺，有印綬化殺，滋生日元。

七殺格之破敗

日干弱——不足以敵殺而復有財生殺。
殺旺印弱而見財破印。
殺旺，食傷重，使日元剋洩交加。

日干強——煞洩印多而不得財生殺壞印。

煞弱食傷旺，制殺太過而沒有財通關或印護殺。

月令地支七殺遇刑沖。

七殺之喜忌

七殺格，月令地支透出天干，均喜日干旺得印綬化殺生身，或天透食神相制，或得陽刃合殺。

身殺兩停，最宜食神制殺。

日干稍弱，沒有印、食傷、刃制合，則喜比劫幫身。

日干強，殺弱，喜財滋殺。

官殺混雜，喜去官留殺，或去殺留官以清之。

凡原局具以上的情勢，而沒忌神破壞者，均可顯貴格。如逢喜用歲運，必然發貴發富。

七殺格，凡月令七殺天透地藏者，均忌身弱，並忌財滋旺殺、正官混雜及地支刑沖不當。如原局沒有喜用神的干支救解，就是凶局，若不貧賤也必夭亡。

殺以攻身似非美物，惟大貴之格多存七殺。蓋因控制得宜，殺為我用，即如大英雄、大豪傑似難駕馭，但如處之有力則有驚天動地之功，忽然而就，此王侯將相所以多存七殺也。

癸未　辛酉　乙酉　丁亥

煞旺食強而身健，極為貴格。

壬午　癸卯　己巳　己巳

殺用食制不要露財透印，因財能轉食生殺，而印能去食護殺。惟財先食後，財生殺而食制之。

壬辰　甲辰　丙戌　戊戌

食太旺而印制之。若殺強食淺而印露制食則破格。

丙寅　戊戌　壬戌　辛丑

七殺用印，印能護殺，本非取宜（印制食護殺），惟殺印有情，亦為貴格（殺印同通月支）。

辛卯 辛卯 癸酉 己未

殺重身輕，用食則身不夠強，不若用印。即使印不通月令，亦為無情而有情，格亦許貴，但不大耳。

戊戌 甲子 丁未 庚戌

七殺用財，財以黨殺本非所喜，惟食或被印制，不能伏殺，而用財以去印，則食不受制而能制殺。

七殺用刃，日干弱而財滋旺殺，若無食制或印化，或有食制而財重，則可用羊刃幫身劫才，使殺反為我用而顯貴。

煞無食制，全恃身強方能敵殺，身強必是用刃也，然刃輕殺重，仍宜制殺之運。原局無食，印運亦佳。

戊辰 甲寅 戊寅 戊午

殺旺身強而無食制殺，專以印為用。

七殺格行運得失

日干強——原有制伏，如制神強於殺神，又行運再遇制合（以食制殺或刃合殺），則難以發貴而為貧儒。

原有制伏，如制神弱於殺神，又行運再遇制鄉則可以發貴。

殺淺，行財殺運以生扶殺神，可發貴發富。忌再行印比之運。

殺淺，食重，宜行財運洩食神生殺通關調和。如七殺和食神的力量相等，則以行印運化殺生身制食為妥。

官殺重，取食傷為用，以食傷之運為得，官印之運為失。

印多，取財為用，逢傷財運為得，以官印比劫運為失。

比劫多，取殺制劫為用，逢財殺之運為得，以印比之運為失。

日干弱——殺旺，行運遇印鄉必貴，如遇財殺旺地，則立刻生災惹禍或貧賤不堪。

殺旺，而原局有制化，歲運遇財殺旺地，無大災禍。惟原局無制化，行運再遇財殺旺地，必有生命之危。

殺旺，用印綬化殺生身，最忌行運見財星壞印，又得印綬比劫幫身為好，行財官運為失。
食傷多，取印為用，逢印運為得，食傷財運為失。
財多，取比劫為用，逢印比之運為得，傷財之運為失。

七殺局，原局官殺混雜——

日干弱，行運得劫刃合殺，或日干強，行運得食神制殺，皆發貴。
若得比肩合官，傷官制官，去官留殺，也可發貴。
若原局官殺混雜而去留得宜而轉清，但行運遇制合取其取清之物，則不是去官休職，也必貧病交綏。

七殺之性格

人事：代表敵人、小人、惡勢力、苛刻的長輩上司。
性情：代表叛逆、敵對、剛烈、偏激、嚴肅而好勝。
優點：為人有志氣，富進取心，做事勇敢果斷，不畏艱難，生性嫉惡如仇，見義勇為，抑強扶弱，言出必行，不善虛偽客套，具有革命性與叛逆性。勇於突破惡劣環境，開創新機，舉止威嚴有權，能得子女部屬之敬畏，有領導才能。

缺點：有時做事過於激進，使人難以容忍與諒解，因此很難結交到長久的知心朋友。即使多年友誼，亦很容易在一日之間反目成仇。由於競爭心強烈，所以較易樹敵惹禍。有時性極好勝，且甚具報復心，因而很容易鑄成大錯。由於其人時常因不滿現狀而求突破創新，所以一生變動很大，難得穩定。適宜從事具競爭性與破壞性的事業。

專論官殺混雜及其去留行運

我們首先要明白何為官殺混雜。如甲丙戊庚壬為殺，而地支卯午丑未酉子，實為殺之旺地，而非混雜；如天干乙丁己辛癸為官，地支寅巳辰戌申亥，乃官之旺地，非相混也；如干甲乙支寅、干丙丁支巳、干戊己支辰戌、干庚辛支申、干壬癸支亥，以官混殺，宜乎去官；如干甲乙支卯、干丙丁支午、干戊己支丑、干庚辛支酉、干壬癸支子，以殺混官，宜乎去殺。

如官殺混雜，宜去其一以清之，又去官留殺或去殺留官皆可。如陽干可用比劫合殺而去，或用食神合官而去之，則陰干可用傷官合殺而去之。比劫合官而去之，不論去官留殺或去殺留官，只要去其一自然留一，不要管他合而留之或合去之。

又正官本忌帶食傷，如殺混反而不礙。

又其命中用劫合殺，則財運、食傷運、身旺印綬運皆可行，只要不再復見七殺即可。

又其命中用傷官合殺，則食傷與財運俱可行而獨不宜逢印。

合殺留官

甲辰　己巳　戊辰　乙卯

庚午　辛未　壬申　癸酉　甲戌　乙亥

戊土生於巳月，日主未嘗不旺，然地支兩辰、一卯，木之氣亦足，喜其合殺留官，官星坐祿，更妙運途生化不悖，以早登雲路。

癸亥　戊午　壬午　己酉

丁巳　丙辰　乙卯　甲寅　癸丑　壬子

此造旺殺逢財，喜其合也，妙在癸水臨旺，合而不化。戊土不抗壬水，如合而化則化火無情，仍去生土。由此以推運去東方木地，早年得志，運轉北方水地，去財護印，平步青雲。

合官留殺

戊申
癸亥
丙午
壬辰

甲子 乙丑 丙寅 丁卯 戊辰 己巳

此造日主雖坐旺刃，生於亥月，究竟休囚。五行無木，壬癸並透，支逢生旺，各立門戶，喜其合去癸水，不致混也。更妙運走東南木火，一生順遂。

戊午
癸亥
丙戌
壬辰

甲子 乙丑 丙寅 丁卯 戊辰 己巳

丙戌日元，生於亥月辰時，沖去庫根。壬癸並透，喜其戊合，去官留殺，更喜年逢刃助火虛有燄。更妙無金，運走東南。

官殺混雜

壬辰
壬子
丙寅
癸巳

癸丑 甲寅 乙卯 丙辰 丁巳 戊午 己未

此造壬水當權，煞官重疊，最喜日坐長生。寅能納水，化殺生身，時歸祿旺，足以敵官黨殺。更妙無金，印星得用，殺勢雖強，不足畏也，最妙中運走南方去官殺之混。

甲子 丙子
乙亥 丁丑
己巳 戊寅
丁卯 己卯
庚辰
辛巳

此造官遇長生，煞逢祿旺，巳亥雖沖破印，喜卯木仍能生火。到寅運合亥，化木生印有情，鵬情直上，庚辰辛巳制官化殺，名利兩優。

丙午 戊戌
丁酉 己亥
辛丑 庚子
己丑 辛丑
壬寅
癸卯

此造年月官殺齊透，但金生酉月，酉丑會金且印透出，身旺乃喜殺官之剋。到辛丑運合官留殺，地位提高，到壬寅、癸卯運，去殺留官，支逢財生，富貴齊來。

食神格

月令食神天干透出，是支藏干透，餘位不宜再見，又需日主健旺洩秀或身弱而佩印。

食神太過

日干弱，食神天透地藏復多見傷官而沒有印星。

日干強，七殺淺食神重，或制殺太過而無財星生發和解，都是太過的現象。

食神不及

日干弱，印星天透地藏而四柱又多見，食神受制太甚。
日干強，印多，食神受制而又不見財星。

食神格之成立

日干強，食神旺而見財星生發。
日干強，殺亦強，以月令食神制殺而不見財星。
日干弱，食神洩氣太過，能見印制食生身。

食神格之破敗

日干強，食神輕而見偏印制食。
日干弱，見財星而又露七殺。
月令地支逢刑沖而不得會合和解。

食神格之喜忌

食神格最喜日干及食神俱生旺，若見財星或遇財運必然發福。即使遇殺也可以食神制殺，使其不敢攻身。

食神格最忌日干弱，食神生財洩氣過重，身主太弱，不能享用。

食神格，日干強，比劫多，以食神吐秀生財為用。最喜見財星生發，最忌見偏印制食生身。

食神格，日干弱，食傷過多最喜見印綬生身並制食傷。見官殺有印轉化則不忌，最忌見財星來壞印。

食神格，日干強，印多，喜見財星制印以護食神，忌見比劫剋制財星。

日干弱，多見官殺，則日干不勝其剋洩交加。喜見印綬洩官殺以生身，忌見財星壞印。

日干弱，財多，喜比劫幫身，忌見官殺剋制比劫。

日干強，財多，喜官殺洩財星，忌見印星生身。

日干強，比劫多，而食神無力，則喜見七殺合刃制比，藉以存財而使食神轉化。

食神格因係月令旺神取用，故略見一二即可論旺，再見財星生發即為佳造。

但如有傷官再來混雜，則應設法剋去或合去方能使格局轉清而純粹。故凡見食神多或傷食並見，其力量大於日干者，均喜印綬制之。

金水食神喜見官，木火食神喜見浮水印，水木食神喜見財，此乃調候之所需。

食神格行運得失

日干強，比劫多，取食神吐秀生財為用。真神得用，行運見食神財星，可以發福發富。但見偏印奪食生身，則日主旺極無依，不是死亡就是沿門求乞。

日干強，印綬多，取財星制印存食為用。行運時見食神財星可發福發富，惟行運時若見比劫剋制財星，則用神受虧必貧乏不堪。

日干強，食神力弱，行偏印運制食生身，必生災禍和衣食不周。

日干強，原局無財星生發，如行運時不見財星，則雖勞苦亦不易發財。然一遇財運，則勃然而起，多財多金。若運途一轉而遇偏印奪食，比劫爭財，為商者必倒店破產，為官者必因財滋禍。

日干強，財重食輕，喜行財運食運。

日干強，原局有印綬而食神太旺，印綬生身有餘，但制食之力不足，再行印運，則五行可能閉塞不通，故應取財運生發或食傷運順其氣勢，以免激怒旺神。

日干強，原局帶印而食神不旺，天干並透財星壞印為用神，行運喜見財星，食傷運也好，最忌印運生扶日干並奪食，也忌官殺洩財生印。

日干弱，食神多或傷官混雜取印星為用，行運喜見印星生扶，即可發福發貴。但見食傷或財星加強，益洩日主之元氣或剋制用神印星，則必貧困或死亡。

日干不太弱，殺多，原局無印轉化，權取食神制殺為用，行運偏遇印奪食，亦多夭亡貧寒。

日干弱，原局殺印並透，不能順用食神，而逆用印星化殺生身，其行運最忌財星壞印。

食神格，原局帶七殺，沒有印綬，如日干弱，運行印綬化殺生身，算是好運；如日干強，行食傷運制合七殺，也是好運，最忌財來生殺。

食神格，原局無印，食神制殺太過，日干弱，行印運制食化殺生身，一舉數得最好。

日干強，食神太重而殺輕，行財運洩食制印亦好。

食神之性格

人事：代表晚輩、學生。

性情：代表含蓄、保守、尊奉傳統、溫柔、多情、聰明伶俐。

優點：為人聰明精細，通情達理，品性溫和，不善與人爭執，氣質清高，舉止儒雅不凡。重視精神與物質的協調，思想清新脱俗，追求精神目標及生活情調，對文藝歌舞方面有偏好，感性，擅作長遠的打算與計劃。

缺點：有時理想過高會與現實脱節，做事雖有耐心卻時常感到體力不支，容易疲勞。喜歡動腦筋，結果胡思亂想，引致神經衰弱。由於思想清高，所以在無形中養成自負不凡的個性。在飲食方面較不挑剔，平時除正餐外亦較喜歡吃零食。如胃腸好易導致發胖，如腸胃不好，則消化不良，身體清瘦。由於生活方式瀟灑，喜無拘束，所以內心難免覺得空虛、落寞。有時，甚至會將此種寂寞轉為情欲的發洩，損害身心健康。

己未　壬申　戊子　庚申

辛未　庚午　己巳　戊辰　丁卯　丙寅

土寄四隅，申亦土之長生也，年逢己未，日元弱而不弱，時上庚申，食神專祿，壬水生於申，子申合局，為身強財食並旺。庚金透露，己巳、戊辰幫身運其美，印運亦吉。

丁亥　癸卯　癸卯　甲寅

壬寅　辛丑　庚子　己亥　戊戌　丁酉

癸水雖通根於亥，惟亥卯合局，日時寅卯而透甲，食傷旺而生財，為身輕洩氣太重。運行印綬之鄉為最美，比劫幫身亦佳，但宜支而不宜干，見壬則合去丁財，見癸亦不免爭財之嫌。亥子丑北方劫地，則其美也。

戊戌　壬戌　丙子　戊戌

癸亥　甲子　乙丑　丙寅　丁卯　戊辰

此食神制殺太過也，甲乙印運為美，癸亥子丑官殺運反吉，丙寅丁卯劫印幫身，最為美運。戊辰最忌，蓋丙為太陽之火，水猖顯節，不畏壬水也。土眾成慈，遇土反晦也。

己亥　丙寅　甲寅　壬申

乙丑　甲子　癸亥　壬戌　辛酉　庚申

甲木生寅月透丙，本有木火通明之象，時上梟神奪食，透己土財以解之，惜病重藥輕。運喜財旺，食傷亦吉，印與官殺均忌。此造惜運行西北官殺印綬之鄉，否則前程未可限量也。

丙午
癸巳
甲子
丙寅

甲午 乙未 丙申 丁酉 戊戌 己亥

木火傷官用印，亦調候之意。印輕則專用印劫，如此造癸印得祿，氣象中和，故丙申丁酉皆美運。若戊戌財運破印，恐不能免也。

傷官格

月令傷官透出，餘位不宜再見。身弱喜其佩印，謂之「傷官佩印」，身旺喜見財星，為「傷官生財」。

傷官太過

日干弱，傷官天透地藏，得時得勢得地而無印綬生身。

日干弱，傷官天透地藏，則財多而無比劫分奪財星。

日干強，殺淺，傷官制殺太過，無財星轉化。

傷官不及

日干衰，印星制傷太過。

日干強，殺旺，有財星洩傷生殺。

傷官格之成立

日干強，有財星引發而使氣勢流通。

日干強，殺重有傷官制之。

日干弱，傷官旺，天干殺印相生。

金水傷官，日干強見官星調候。

傷官格之破敗

日干弱，無印綬而見官星。

日干弱，財多。

日干強，傷官輕而印重。

日干強，以財為用，再見殺旺者。

月令地支遇刑沖者。

傷官格之喜忌

主要先看日主與傷官的強弱如何，而取用神一般為：日干強取財為用，喜傷官生財，忌見劫財印綬。

日干強，無財官取傷官洩秀為用，喜見財星，忌見印綬。

日干強，比劫多，財星衰，傷官輕，取官為用，喜見財官，忌見傷印。

日干弱，取印星為用，忌見財星而喜印相生。

日干弱，無印而取比劫為用，喜劫印忌見財官。

日干強，印星多，取財為用，喜見傷財，忌見官印。

傷官格行運得失

日干強，取財為用，行食傷財運可以發財發福。如運歲逢官運乘旺，盜洩財星之氣，或見劫刃奪財，七殺攻身，必主徙流死亡或傷害殘廢，破財失位，官專訟累。

日干強，財官均無，印不可用，這是身旺無依。如行運不見財星流通其氣而復行比劫食傷運，五行閉塞不通，必主孤獨刑剋，六親無情或為僧道、修女、藝術家。若見印運剋制食傷，這是危運，不死亡，亦貧賤。

日干弱，取印為用，喜行印比之運生扶日干，官運由印轉化，均可發貴發福。忌行食傷財運，盜洩日干之氣，若遇財破印，非貧即夭。

日干弱，除調候有印通關外，均忌見官星。取比劫為用，行運見官殺則剋洩交加，必有災禍。如原局有官殺而行運將官殺合去，亦可發貴發福，惟運過即回復原來的地位。

日干弱，傷官重，無印制伏，行運再遇傷官則不死亡亦貧賤。

日干弱，無印綬，取比劫為用，行運喜劫印，忌見財官。

日干旺，比劫多，財星衰，傷官輕，取官星為用，運喜見財官，忌見傷印比劫。

傷官格帶七殺，而原局無印，通常喜行印運化殺制傷扶身。

若傷重殺輕，亦喜印運制傷存殺，或財化傷生殺。

若日干不弱，七殺通根亦不弱，則行食傷運制殺或印化殺均可，或以比劫幫身敵殺亦可，最忌行財運助殺剋身並壞印而斷絕日元之生機。

傷官之性格

人事：代表晚輩、學生。

性情：代表任性、樂觀、活躍、驕傲、天真而具有創造力。

優點：若非為人多才多能，就是長相清逸秀麗，這二點都是值得驕傲的地方。其人對任何問題的領悟力皆強，欲望也大，一心想要追求更完美的生活。這種欲望，能激發其特殊的潛能。有獨裁倔強的個性，認為只要想學，就沒有學不成的事情；只要想求，也沒有得不到的東西，故此內心充滿青春活力和戰鬥精神，時刻都想超越他人之成就，成為英雄人物。故此在發展的領域上，會有點特殊，必須依循有條件限度的發揮路線，才容易成功。如藝術、教育、情報、體育、精密技術、九流雜藝、表演事業等，都較易令其成為傳奇性的英雄人物或讓人崇拜的偶像。

缺點：由於興趣太雜，博而不精，結果因根基不固，而做出超過本身能力所能應付的事，招致失敗。有時，其人亦會因自己的領悟力強，博才多能，而養成一種恃才傲物、目中無人的個性，致使言行舉止太過驕傲，常有鄙視他人的任性行為。加上做事一意孤行，不受世俗禮教拘束，以致很容易被視為狂傲乖張的怪人。如傷官過重，而無財星轉化引出財源，則終生奔波勞碌、不得清閒，雖巧卻貧。如財星太多又會貪得無厭，永不知足。待人處事，能推己不能及人，且好管他人閒事，常會令人將自己之好意誤會成惡意，令事情弄巧反拙。男人應注意及克制私欲，避免違反倫常法律；女人應注意內外兼收，剛柔相濟，防止因任性而影響婚姻幸福。

壬午　庚戌 辛亥
己酉　壬子 癸丑
戊午　甲寅 乙卯
庚申

傷官月令而逢庚申時，日元坐印，己土透出，可作刃論，故日元傷官並旺。惟壬水之財，雖生於申，而隔離太遠，運喜食傷財地，辛亥、壬子、癸丑三十年，引出財星。正符身強財淺，運喜財地，傷官亦宜之說。

金水傷官，本喜見官，而此生於小陽春時節，未中藏火，不虞

甲子　丙子 丁丑
乙亥　戊寅 己卯
辛未　庚辰 辛巳
戊子

寒冷，亥未拱合，透出乙木，則傷官化為財矣。年時兩子，仍是食神生財之局，惟日元太弱，運喜印比幫身，庚辰辛十五年，最為美境。戊寅、己卯二十年，雖印蓋頭，究嫌財旺身弱，再者金水之局，本喜火暖，原局不見官星，運行東南陽暖之地，和煦之氣，可以補助其不足。所以看命、看大運，必須參合研究。

壬戌
己酉
戊午
丁巳

庚戌 辛亥 壬子 癸丑 甲寅 乙卯

印旺用財，喜得丁壬不合，用財損印，用神在財。運行辛亥壬子癸丑財地最美，甲寅乙卯官殺之地不佳，蓋官煞洩財生印也。

專論傷官見官

書云：「傷官見官最難辨，官有可見不可見」，命書中有：「傷官見官，為禍百端」之言，但都沒有清楚地解釋為何「為禍百端」。傷官與食神原屬一體，惟陰陽不同而有異矣。大抵身弱而傷官旺，見印可見官；身旺而傷官亦旺者，則見財而可以見官；傷官旺而財星輕者，有比劫而可見官；日主旺而傷官輕者，無印綬而可見官；傷官旺而無財，一見官而有禍；傷官輕而見印，一見官而有禍。

傷官之格，最為複雜，而格局配合六神時又有所不同，如傷官用印、傷官用財、傷官用劫、傷官用傷、傷官用官等。如傷官用財者，日主旺，傷官亦旺，宜用財以流通之；有比劫而可見官，無比劫而有印者，不可見官；日主弱，傷官旺，宜用印，可見官而不宜見財；日主弱，傷官旺，無印綬，用比劫，喜見劫印，忌見財官；日主旺，無財官，宜用傷官以順洩，喜見財傷，忌見官印；日主旺，比劫多，財星衰，傷官輕，宜用官，喜見財官，忌見傷印。所謂「傷官見官，為禍百端」者，皆日主衰弱，用比劫幫身，見官則去比劫而損用，故以為禍也。若原局中有印，則見官印不但無禍，而且有福也。

上論傷官與財官印劫之配合喜忌，尚需視其所屬之地位如何——若傷官與官之地位遠隔，而財處其中，則傷官生財而不礙官，相剋反而相成，自不為忌；又傷官有印，不忌見官者，以傷官為病，以印為藥，亦需地位適宜，方能制傷而護官也。至於傷官用官，大抵以調候之作用為多，最宜身旺而不致剋洩交集，使其不勝負荷耳。而傷官用官之看法，因時令之異而各有喜用不同，書云：「火土傷官宜傷盡，金水傷官喜見官，木火傷官官要旺，土金官去反成官，惟有水木傷官格，財官兩見始為歡。」雖未可拘執，而大體可見。

茲略分述如下：

「火土傷官宜傷盡」：火土傷官，生於六九月，火炎土燥，滴水入之，反激其燄，故宜不見官星，謂之「傷盡」也。然此為理論，有時亦不盡然。究之火為日主，土為用神，行官運水來，不能傷用，反為用神所剋。本來水來潤土之燥，未嘗不美，惟不如金運及濕土帶金為尤美耳。若生於三月、十二月土令之時，火氣之力如何，又當別論。故生於三月身旺亦喜官，生於十二月則天寒氣弱，大體喜印，不同六九月之看法。

「**金水傷官喜見官**」：金水傷官，生於冬令，金寒水冷，調候為急，非見官星不可。然水火並見，剋洩交加，最宜身強。更重要者為印綬，蓋有印扶身則不忌其剋洩兩見，官見不過起調候暖局之作用矣。

「**木火傷官官要旺**」：木火傷官，生於夏令，火旺木枯，調候為急，最宜見印，惟夏水絕源，喜官生印而為用，非單純喜官也。如甲木見丁火傷官，四柱有印滋養，而見庚金七殺，則為庚金劈甲引丁，反成木火通明之象，殺印相生，主健鷹揚。所謂官要旺者，蓋用官生印也。

「**土金官去反成官**」：土金傷官，生於秋令，金神用事，最宜用印制之。苟秋水進氣，水重增寒，亦宜見印，為土暖金溫。見官無益，不喜見官，故以去之為美。

「**水木傷官喜財官**」：水木傷官，生於春令，調候為急，最喜見財暖局而生機蓬勃。苟水太旺，亦喜見官，惟以財星為主要之用耳。

以上五種格局，只為其基本原則，一切還要配合格局需要而定，以靈活運用為要。

庚午 己卯 壬申 己酉

庚辰 辛巳 壬午 癸未 甲申 乙酉

壬水生於卯月，水木傷官，喜其官印通根。年支逢財，傷官有制有化，日元生旺，足以用官。巳運，官星臨旺，地位即時而起。壬午、癸未，南方火地，獨據一方，甲申、乙酉，金得地。木臨強金之地，雖退隱後，亦自得其樂。

癸酉 己未 丙午 癸巳

戊午 丁巳 丙辰 乙卯 甲寅 癸丑

丙午日元，支類南方，未土秉令，己土透出，火土傷官，藏財受劫，無官則財無存，無財則官亦無根。況火炎土燥，官星並透，官星為用，運至火土，破耗刑喪。乙卯、甲寅運，雖能生火，究竟制傷衛官，大獲財利，地位提升。癸丑、壬子，功名可奪。

乙卯 戊子 庚寅 戊寅

丁亥 丙戌 乙酉 甲申 癸未 壬午 辛巳

此造取寅中甲丙，金水傷官在冬令，必取丙火，幾如定律，惟不可太旺，喧賓奪主耳。且用神喜其透干而清，為金水傷官，藏支亦美，又此造日時兩寅為官殺之長生，得行運引出，自然富貴。所謂吉神暗藏，金溫水暖也。

財格

月令財星而不透比劫，或透比劫食傷轉化，或官殺制劫而成。

財星太過

財格，日干弱，財多復多見食傷來生財而不見比劫印星。

日干弱，正偏財天透地藏，四柱又多見財星，雖見印星而沒有比劫護印。

日干強，財多，而天干復透七殺。

財星不及

財格，日干強，四柱多比劫祿刃。

日干強，四柱無食傷生財，復見印星比劫剋制。

財格之成立

日干強——財旺，而有官星制比劫。

財星弱，有食神傷官生財。

日干弱——即財多身弱，有印綬生身，比劫幫身。
　　財旺，用印而有官殺通關。

財格之破敗

日干弱，財旺而透殺。

日干弱，用印而見強財，無比劫護印及官殺通關。

日干強，財輕而比劫重。

日干強，財旺，無食傷通關及官殺護財。

月令地支遇刑沖。

財格之喜忌

日干強，比劫多——原局沒有食傷則喜官星制比劫，忌再見比劫食傷。
　　原局沒有官星則喜見食傷生財，忌見印星比劫。

日干弱——財星多，喜見印星比劫生扶日主，忌見食傷財星。
　　官殺多，喜見印星轉化生日主。
　　食傷多，喜見印星制食傷而生日主。

但財格用印，必須原局財印地位間隔，否則能破印而不可用。

此外，尚需注意，先財後印即可成福，先印後財，必成其辱。先財後印，即財透年月，印透時；先印後財，即印透年月而時透財。

財格，日干強，以月令偏財真神為用，喜食傷生財。如原局偏財有力（透天干），足以防止偏印制食，並可藉食神制七殺以存身。如是不但可以富裕，而且長壽。

財格，日干強，遇偏印奪食，則食神不能制七殺生財。遇劫星爭奪財星，財就不能享用。

正偏財均喜深藏地支而有力，不喜浮露天干而不通根，不然遇比劫運，群劫爭財，不貧則夭。

財格，日干弱，忌七殺而有七殺則十有九貧。

財格，日干強，喜七殺而有七殺則十有九貴。

凡財格皆喜見祿（日主的臨官），如以財為用而見祿，不貴必富。

財格行運得失

日干弱，財多行運見財官盜氣剋身，則日干更弱，不但不發福且禍患百出。

日干強，有官星行財官運可以富貴。

日干強，無官星，行食傷運，大多可以發財，也有發貴者。

日干弱，即財多身弱。少年如經日干休囚之運，必多事頻併，百不如意；中年運如交日干生旺之運，則可勃然發財發福。

日干弱，財多，如少年行日干生旺之運，至為享受；如中年交日干囚休之運，不但守窮途而悽惶，而且禍患百出。

日干強，比劫多，原局有食傷行財運，可以發福。但行比劫運或印運制食傷，則常剋妻害子，或官事糾纏破產毀家，甚至死亡。

日干強，以財為用，行運、流年與原局三合財局，主發財升官、結婚生子。

日干弱，財多，原局無間隔的印星為用時，喜行比劫運。但如行印運，則為原局的財星反剋，此謂之「犯旺」，即反激怒財星，可以招禍。

日干弱，財多，見官星制比劫，行運喜印比生扶。

日干弱，如遇官殺交加或食傷競洩，最宜以印星為用，惟不宜見財印相礙。

財格帶七殺，日干強，可取食神制殺；日干弱，可取羊刃合殺，又不論制殺合殺，行運均喜食傷。惟日干弱帶七殺而原局有印，則印以化殺為用，行印運最佳。

凡財格均喜日干強旺，財星有力。運向財旺之鄉發福，若見刑沖破害，比劫分奪，為破祖勞苦之命。若財星太衰，日主太弱，或財多生殺，行運又不能調劑，則有功亦破祖，為勞苦之命。

正財之性格

人事：代表自己主宰的人、下屬、妻子。

性情：代表節儉、憨直、謹慎、守本分。

優點：為人獨善其身，不喜惹是生非、引人注意，故思想行為皆合乎中庸之道，不偏不倚，安守本分。其人努力工作，刻苦耐勞，任勞任怨，不作非分之想，珍惜金錢，重視生活之保障，能對家庭及妻兒負起應盡的責任。生活勤儉，做事守信用，常有自覺幸福之滿足感。

缺點：有時太過重視金錢，結果變得刻薄寡情，容易被認為吝嗇、守財。加上為人過於謹慎小心，以致魄力不足，虎頭蛇尾，前熱後冷，有始無終。由於其過於守本分，故令生活略嫌刻板乏味，既沒有戲劇性的色彩，也沒有太突出的表現。由於其太斤斤計較得失，最終因小失大，後悔不已。行事較不懂變通，始終如一，令人覺得憨直可笑。

偏財之性格

人事：代表自己主宰的人、下屬、妻子。

性情：代表圓滑幹練、慷慨、豪邁、急躁。

優點：善於把握機會，以營謀得財，精力充沛，性情急躁，做事喜速戰速決，不喜拖泥帶水。舉止軒昂，言行有威，對前途樂觀正面，有百折不撓的精神。由於一生多有機緣巧遇，因此經常有意外收穫，尤其在金錢和女人方面，往往有戲劇性的離合得失。很有交際手腕，處事圓滑而機智，待人豪邁而慷慨，對外人緣不俗。

缺點：由於性格豪邁慷慨，久而久之，就養成一種對金錢較不重視和珍惜的習慣。因着其喜在外營運謀財，不喜在家坐享其成，加上圓滑的交際手腕，因此有較多機會在各種場合接洽事務。配以先天多情的個性，便很容易接觸到女色。

日主強的人尚能控制局勢的發展，較不會嚴重影響婚姻家庭；日主弱則往往會導致不可收拾的後果。偏財重的人容易得到金錢或女人，也容易失去，一生意外開銷甚多。

壬申　癸丑
壬子　甲寅
戊午　乙卯
乙卯　丙辰
　　　丁巳
　　　戊午

此造雖財格，但用在乙木官星，月令財旺生官也。甲運七殺相混不利，寅運則寅午會成火局，解子午之沖，亦幫身美運。乙卯十年，官星清，雖旺無礙，又丙辰、丁巳、戊午、己未皆美運，惟忌金水之地耳。

若局中透印，行食傷而無礙，因有印回剋護官。若局中帶食傷，則為官星有病，行印運能剋制食傷，為去病之藥，最為佳運。煞運反吉者，以有食傷回剋，不為害耳，非可認為喜運也。

乙未　癸未
甲申　壬午
甲申　辛巳
丙寅　庚辰
　　　己卯
　　　戊寅

此造財旺當令而且透出，好在寅中丙火長生，甲木得祿。身弱必以印綬為用，但此造財印並透，好在中隔丙火，財不破印，此為財格用印而財印不相礙。但究竟是身弱印輕，金旺秉令，故運以幫身為美，官殺亦不忌，因財生官殺，官殺生印，印生日主，亦為通關。

乙	己	庚	辛
未	卯	寅	巳

戊寅	丁丑	丙子	乙亥	甲戌	癸酉

此造亦財格用印，但乙己財印並透而相並，為財破印，印星受損，不能為用。當以比劫扶身剋財救印為用，則運以劫財扶身為美，印運亦佳，官殺可行，食傷財運，則為忌矣。

壬	乙	癸	辛
辰	巳	巳	酉

丙午	丁未	戊申	己酉	庚戌	辛亥

此造財當令，雖食印並透而食無根，癸水日元，休囚而印旺，惟巳酉、辰酉皆合金也，巳中丙火得祿，官得財生，雖印剋食，亦不損其貴氣。

財帶七煞，不論合煞制殺，運皆喜食傷身旺之方。

財帶七煞，如殺不合去或不制去，則應以煞為重，不當再論財也。

乙	庚	甲	戊
酉	辰	午	辰

己卯	戊寅	丁丑	丙子	乙亥	甲戌

天干乙從庚化，地支辰酉合，財生殺旺，當以午中丁火，制殺為用。財黨殺攻身，不能用矣，喜得生於辰月，又得辰時，甲木餘氣猶存。然究竟身弱，運行寅卯身旺之地，丙丁制殺之方，宜其貴也。乙亥甲三運亦幫身助旺，惟子運沖午，恐有生死之災，雖子辰相會，恐亦難解矣。

時	日	月	年
壬辰	丙午	丙申	丙辰

丁酉 戊戌 己亥 庚子 辛丑 壬寅

丙坐午刃，申辰拱合而透壬，固當棄財而用殺矣。然其佳處，全在午刃，身強方能敵殺也。壬水生申，為秋水通源，用神進氣，運行亥庚子辛丑壬金水之地，所以貴也。

印綬格

月令印綬而不見財星，或見財有官殺通關通其氣勢或地位妥貼，有劫護之均可。

正印偏印的作用大抵相同，惟命局用食神者最忌偏印剋制。

印星太過

印格，日干弱，印星天透地藏得時得地得勢（得時即月令印星，得地除月令地支餘支尚有，得勢是眾多），四柱不見財星。

印格，日干強，印星天透地藏，且多見比劫而不見食傷財官，或傷食財官殺洩而無力。

印格，日干強，以官星為用而見強印洩官之氣，生旺日主，而不見財生官破印。

印星不及

日干弱，財星多而不見官殺。

日干強，印星只藏月支不透天干，復見比劫祿刃交洩。

日干弱，印雖透天干，然天干逢剋，地支逢沖或合去。

印格之成立

印格，日干弱，印星重逢七殺，以印化殺生身。

印格，日干強，印輕逢正官拘身。

印格，日干強，印多有財星壞印，損其有餘。

印格，日干弱，傷食洩氣太重而印透剋制食傷生身。

印格之破敗

日干弱，印輕，復有財星壞印。

日干強，以食傷洩秀為用為強印所制。

日干強，印旺，以財破印為用，又為比劫所制。

日干弱，印輕而食傷洩氣太重。

日干強，印重，再逢七殺生印。

印格月令地支逢刑沖者。

印格之喜忌

印格月令地支印星天透地藏，不遇刑沖剋合而有力，一般均喜日干弱，因日弱印強，日干可乘印綬之力而轉弱為強。若日干也強，則不免旺極無依，因印太強而日太弱。除從化之外，必有母旺子衰之嫌，宜多加注意。

印星若不太過，最喜官印雙清。如遇財星壞印，亦有官星轉化。遇食傷則印星可以制合。

日干強，有官星拘身，不致放蕩不羈。

日干弱，有印生身，不致生機絕滅。

其人多為正人君子，為官亦多清廉慈惠，不亢不卑。

印格，日干強，印星多，見食傷則喜食傷洩氣生財。印星微，見官殺，則喜官殺生印制比劫以存財而使五行流通。

印格，日干弱，印星多，喜見財星壞印。印星微，見財星，則喜比劫幫身以制財存印。

印格，日干弱，取印為用，原局略見七殺有印轉化，假殺為權，這是殺印相生，也可發貴。但若七殺天透地藏有力，則其攻身之勢強不可擋，雖有印星亦難轉化。此局喜羊刃合殺，否則不免日主有虧。

日干弱，以印為用，這是真神得用。如不見財星破印，則格局純粹，可以發貴。若原局有財破印，則百事難通。

日干不太弱，財星由官轉化，也不為忌。

正偏印居月令而日干強，原局有財官，見食神，則官印身食財連環相生，可以論為福命。

印格，日干強，原局天干透出比劫，若取財破印，則為原局比劫所制，福氣不全。

印格，日干弱，原局財印交差，財輕印重，取印生身敵財，仍可發貴。

日干強，印輕財重，取食傷洩氣生財，五行流通，可發福。

日干弱，忌七殺攻身，可以偏印化殺生身，忌食傷洩身，也可用偏印制食傷生身為用。

日干強，印旺，日干不免太強，應取食傷洩身吐秀生財為用。若以印為病，則可用財破印。

日干弱，再見食傷多而盜洩，日干不勝負荷，不免貧寒困苦。

印格，以七殺為用，必須身重印輕，或身輕印重，才可取用，因日強印輕，日干尚未過強，故假殺為權有印轉化，可以發貴。

日干弱，印重，日干並未弱不可扶，借殺生印轉化，也可發貴。

日干強，印重，日干太旺，則七殺化印，反生旺日元。但七殺如不起制日干的作用，而生印有餘，則必主孤貧，必須原局有食傷制殺為用。

日干弱而食傷制殺太過，就安用印制食傷化殺。

印格因月令地支會合而改變其性質者，譬如合為比劫之局，則日干更強，應以財官、食傷為用，以使五行中和流通；若會成印星之方局，就要看其是否從旺從強等的特殊格局。

印格行運得失

印格，日干強，印重，天干露出官星，官能生印，日干更強，官印皆不可用。行運喜見財星壞印以制其身，行食傷運洩日干的旺氣生財，使五行氣勢流通。

印格，日干強，如原局有財，可以財破印發福。

印格，日干強，原局無財，行食傷運洩日元以生財，可以得利。

印格，日干強，行官運，若合去食神論凶。

印格，日干強，行殺運，合去羊刃則論吉。

印格，日干強，印比劫運為忌。

印格，日干弱，印輕，天干露出官星，則取印轉化生身，並可制食傷以存官，行運喜印比。

印格，日干弱，印輕，天干並露官星及食傷，應用印制食傷化官生身。行運喜印比，忌見財食傷，逢官殺有印轉化不忌。

印格，七殺天透地藏以印星轉化生身為用。行運遇財星生旺殺或印星臨死絕墓之地，強殺攻身，必死無疑。

印格，有財星剋傷印星，行運見比劫幫身制財以護印可以發福。

印格，以印為用，最怕行運逢月令三合變局，如將月令印變為財、食傷、殺局，將原來生身的印星變為洩身或剋身，使日干更弱，這都是壞運。反之如日干強而月令印星逢運，而三合會成比局印局，以使日干更強，亦不是好運。

印格，取印為用，行運略見官殺生助用神也可發福。如官殺會合太多，反而剋制日干，福氣必有不足。如歲運逢財壞印必然破家祿。

印格，財多，見比劫制財以存印為佳。行運喜見印比生助，忌見財官殺。

日干弱，印輕財多而天透地藏且有力，當以比劫為用。行運喜比劫祿刃加重，忌見印星生扶，因印星為原局強財反剋，杯水車薪，無濟於事，反激怒旺神，恐反受困。

日干弱，印重，天干官殺並透，可取印星化官殺為用。如日干不太弱，行運喜食傷制合官殺，行比劫運亦可，忌行財運助官殺且壞印，則危之又危。

正印之性格

人事：代表貴人，助我增長學識的老師。

性情：代表溫文、慈祥、重視名譽、愛惜面子、隱惡揚善。

優點：為人寬容，有耐心，心性善良，慈悲為懷，富人情味。其人常能享受現成之福氣，對人不記怨恨，即使面對仇人也往往能寬恕包容，不會做出殘酷的事情，所以一生很少有慘痛的橫禍。重視人格的內涵與高尚氣質的培養，不喜與粗輩深交，能自我修心養性，對天道之規範及因果律之宗教有興趣。

缺點：具倚賴性，容易養成懶惰的習慣。思想天真，不切實際，常把事情看得過分美好，以致希望落空。母親尚在時喜歡撒嬌任性，在社會上做事則往往因輕重不分、不知好歹而自討沒趣。有時，其人會因太愛面子而盡量隱藏自己的缺點，打腫臉兒充胖子，以求掩飾窘況。這種個性，如果走正途，會努力工作，獲得事業上的成就；如果走入邪途，則貪贓枉法，虛偽欺詐，丟官失職，一失足成千古恨。

偏印之性格

人事：代表親屬長輩，意外助力。

性情：代表怪異、孤僻、重幻想、心意不定。

優點：為人有奇特的領悟力，擅長奇招怪術，對於任何事物均具有敏鋭的感受力，警覺性高，善於察顏辨色，觀人入微，做事心思細膩，思想言行成熟老練。其人喜怒不形於色，善於保密，令異性覺得有安全感。

缺點：缺乏持久的耐力，做事三心兩意，喜走捷徑，惟大都空自忙碌，勞身勞神，多學少成。由於思想奇特越凡，與世俗格格不入，所以令人有行為怪異、與眾不同的感覺。性格內向多疑，喜鑽牛角尖，偏愛獨處，不喜群居吵雜，也不喜參與社交活動。

丙寅
戊戌
辛酉
戊子

己亥　庚子　辛丑　壬寅　癸卯　甲辰

官露印重，官之氣盡洩於印，身旺印強，其佳處全在時上子水洩金之秀，當以金水傷官取用也。且其金水傷官，並不喜見官星，蓋生於九月，未屆金寒水冷之時，而原局已有丙火暖局，不必再行火運矣。既以傷官為用，自以財及食傷運為最利，比劫運亦可行，此造從亥至辰五十五年，一路水木運，實不易矣。

庚	戊	丙	乙
申	寅	申	未

己卯 庚辰 辛巳 壬午 癸未 甲申

此造身弱用印而才食並透，財旺印輕，雖生寅月，但又為年日二申沖之，為貪財壞印。

壬	癸	丙	己
子	卯	子	亥

甲辰 乙巳 丙午 丁未 戊申 己酉

丙火無根，濕木無燄，己土微弱，難制沖奔之水。所謂土能制水，水多土蕩也，又丙火陽剛之性，雖滿局官殺，但正印當令，亦不能從，所喜者丙寅、丁卯二十年木火運。

己	甲	辛	癸
未	戌	未	巳

癸酉 壬申 辛未 庚午 己巳 戊辰

此造印綬太旺，土重金埋，最喜甲木合己，制印存食，使癸水用神不傷，所以為貴也。癸酉、壬申二十年，金水相生，最為美利。辛未庚十五年尚可行，午運之後，官印旺地，土重埋金，用神傷盡矣。

建祿格

建祿格乃月令值日主臨官之地，其氣方盛而未極，故其性質較羊刃之盛極者，雖同為旺身之物，卻略有不同，因祿較緩和而刃則兇暴。

祿神太過

建祿格，即日主得月令的旺氣，月令正值日主臨官。若年、日、時支再見日主的臨官則祿神太多。

建祿格，天干透比劫而又得印生扶。

建祿格，月令與其他二支會合成方。

祿神不及

建祿格，日干雖強，但四柱官殺天透地藏會合有力，祿神不勝其剋伐。

建祿格，日干雖強，惟四柱食傷爭透有力而日元洩氣過盛。

建祿格，日干雖強，惟四柱官殺食傷剋洩交加，日元不勝剋伐。

建祿格，月令祿神，日主已旺，而四柱印星會合成局成方，天干復透出正偏印，成母旺子衰。

建祿格之成立

建祿格，日干強，透官星而逢財印（需財印不相礙）。

建祿格，日干強，透七殺有食神制之。
建祿格，日干強，透食傷逢財星生發。
官殺或食傷強於日干而有印星轉化或剋制。
財星強於日干，有比劫可以幫身敵財為用。

建祿格之破敗

建祿格，無財官透殺印，殺印相生，而日干更強。
建祿格，透官星為用又逢傷官。
建祿格，透財星又逢七殺，財殺生旺。
建祿格，食傷多或官殺多，用印而印被財破。

建祿格用神選取

建祿格，印多——宜用財星，但需注意財星是否已被劫奪。
建祿格，比劫多——宜用官，但需注意官星是否被傷，如見七殺，則講求制合。
建祿格，官殺多——日干強於官殺，宜用財生，但見殺仍需制合。
官殺強於日主，則宜取印星通關轉化。

建祿格，食傷多——日干強於食傷，宜用財星生發。
食傷強於日干，宜取印星生身制食傷為用。

建祿格，財星多——日干強於財星，宜取食傷轉化通關。
財星強於日干，用比劫最宜。

滿盤官殺食傷財剋洩交加，日干轉弱，取印星洩官殺生身且制食傷為宜，但需注意印星是否被財星所緊剋。如無印星可取，也可用比劫，但比劫不能為官殺所剋制。

建祿格之喜忌

建祿格，即日干逢月令旺氣（臨官）。除原局官殺或食傷財會合成黨，天干競透，其力大於日干外，一般均以身強論。

由於日主得祿於月令，財官必是月令的衰地，財官衰而日干強，故建祿最喜財官透出天干，使其財生官旺取以為用，自可富貴。但若財官天透地藏而復會合成黨，其力大於日干，於是日干轉弱，不勝負荷。見財官反為累贅，喜印星生扶，所以建祿格以官星為用者，最喜財印相隨。日干較強，財生官旺；日干較弱，印以生扶；財印並見，有官星通關自不相礙。同時印星尚有制傷護官，這是建祿格財官印三奇俱備，最為上格。

建祿格，不見官星，也可取財或食傷吐洩日干的秀氣，惟見財必須有食傷通關，見食傷必須有財星生發，然後氣勢流通五行中和，可以發福發富。

建祿格，如官殺並見，除用官星而官弱以殺助之外，其餘均應請求制合或謀去留之道。

建祿格，日干強，見七殺，取食神制殺為用，也可假殺為權而發福。若制殺太過，日干轉弱，則宜用印化殺制食傷。

建祿格，見印重天透地藏而有力，四柱不見財官食傷，則應以從強從旺特別局。

建祿格，若日干生旺而財官食傷剋洩無當，即沒有恰當的用神，日干極旺無依則：

1. 必無祖業可以繼承，需遊食他鄉；
2. 身旺財官衰而再行身旺運，必主剋妻害子或妨父，甚或官非破財；
3. 身主強旺，凡事剛愎自用，任性不羈，泥淖益深，終致無以自拔。

建祿格，日干強，如得財官食傷恰當的剋洩，不但可以富貴，而且可以長壽。

如建祿格，日干強，行運月令祿神被沖，這是犯旺，非吉事。

如建祿格，日干因剋洩交加而日干轉弱，正以祿神為用，行運見祿神被沖，更非吉兆。

建祿格行運得失

建祿格，日干強，難招祖業，必主平生見財不聚，劫病少長壽。行運時如見比劫主妨父損子剋妻破財，或官非爭財糾紛之事。

建祿格，有財為用，行官運可以發貴，行財運可以發財，財官俱旺，富貴雙全。如原局沒有財官可用，行運見財官，則福氣不太大。如行運見比劫，甚至貧乏不堪。

建祿格，歲月時中財殺太多，日干必由旺變弱。宜印運以生其祿神，以比劫運助之。

建祿格，原局無財官則無祖業。若逢行運財官，身旺能任其財官，則可白手成家，然事過境遷，往往虛度一場。較之原局有財官，不免遜色。

建祿格，原局見官星而有印制食傷生身護官者，乃日干強以官星為用。行運喜財生官旺，而忌官星被合神合去或七殺混雜官星。若原局官印並透，食傷運有印制伏，行比劫運有官星制伏，亦不為忌。

建祿格，財官印三奇俱備，行運見財官印，均不為忌。然極忌七殺混雜官星，食傷制合星，使純粹的格局變得混濁不清。

建祿格，原局不見官星而見財星，日干強於財星，可以財星為用，但必須帶食傷洩身生財，使氣勢流通而無扞格。行運喜見食傷財，忌見印比劫。官殺有原局的食傷制合，雖不為福，亦無大礙。

建祿格，若見財帶食傷，其盜洩之力大過日干，則應取印星為用或比劫為用。

建祿格，見七殺，因殺能攻身犯旺，故應取食傷制伏為用。如食重殺輕，行運喜見財鄉，為殺重食輕，行運喜見食傷。

建祿格，若原局七殺而帶財，則財生殺旺。如能合殺存財者，行運喜見食傷財。若能合財存殺而用食制者，則食重七殺輕，行運喜財流通。若殺重食輕，行運喜見食傷。

建祿格，原局無財官而取食傷洩氣吐秀為用，行運以財運生發為宜；行官殺運，有原局食傷制合，雖不為忌，然亦不為大福運，同食傷與官星不能並用，行印運為大忌；若原局食傷太旺，強過日干，則需以印為用，行運反喜印比。

庚戌
戊子
癸酉
癸亥

己丑　庚寅　辛卯　壬辰　癸巳　甲午

月令建祿，戊土官星通根於戌，為官有根也。庚金為輔，然身旺無勞印生，惟行運至食傷之地，取以護官耳。庚寅、辛卯、壬辰運，均平平，癸巳之後，運轉南方，財生官旺，其得意在晚年也。

甲子
丙寅
甲子
丙寅

丁卯　戊辰　己巳　庚午　辛未　壬申

兩神成象，甲木月令建祿，而丙火亦自寅中透出，此所以為木火通明也。然無子水印綬，則火燥木枯。子水者，取以調候，非以為用也。運轉南方，宜其大魁天下，庚午煞不通根，丙火回剋，不足為害，辛金合丙，不免晦滯，壬申殺印之地，非吉矣。

羊刃格

羊刃者，是指五陽日干見月令旺地，如甲見卯、丙戊見午、庚見酉、壬見子等。

其中甲庚壬三干見旺地，因地支所藏純，沒有疑義，名為「月刃格」。丙生午月，因火神當旺，雖有己土洩氣而火勢強大，亦有取為羊刃格。戊生午月，火神當令，天干透出丙丁或地支會合火局，則以印論，不以羊刃視之。若己透而丁不透，土神勢大，亦可視為羊刃格。至五陰干見旺支，除論劫財外，通常不視為陰刃。

所謂羊刃者，乃指日干得月令之旺氣。羊刃格除四柱官殺食傷財剋洩交加之力大於日干者以外，通常均可作旺論。

日主強，刃旺，則能劫財、護印，並斷絕官殺的生機。如無有力的官殺制伏或有力的食傷洩化，日主勢必旺極無依，所以羊刃格有凶多吉少之患。但羊刃格遇官殺食傷剋洩太多，或財星天透地藏而其力強於日干，而日干又嫌弱，則喜印星生身或比劫祿刃幫身。

羊刃太過

羊刃格，日干得月令旺氣如於年日時支中再見。

羊刃格，日干得月令旺氣而復見有力之印星生之。

羊刃格，日干得月令旺氣而比劫競透而有根。

羊刃格，月令旺支三合或三會刃方。

羊刃不及

羊刃格，日干雖強，但四柱官殺天透地藏，會合有力，羊刃不勝剋伐，則日干轉弱。

羊刃格，日干雖強，但四柱食傷財天透地藏，會合有力，羊刃不勝盜洩，則日干轉弱。

羊刃格，日干雖強，但四柱官殺食傷財得地得勢競相剋洩，日干轉弱。

羊刃之成立

羊刃格，日干強，透官殺見財星而不見傷官。

羊刃格，官殺強於日干，見印星而無財破。

羊刃格，日干強，食傷多，見財星而天干不露劫財。

羊刃格，食傷過多，日干轉弱而有印制食傷生身。

羊刃格，日干強，印星多，見財星制印。

羊刃格，日干強，財多，有官殺制比劫或食傷通關，日干不轉弱。

羊刃之破敗

羊刃格，日干強透官殺而見傷官。

羊刃格，日干轉弱而官殺旺，見微印或不見印星而見強財。

羊刃格，日干強，食傷多見財星而天干透比劫競出。

羊刃格，食傷過多，日干轉弱而不見印星。

羊刃格，日干強而印多，不見財星食傷，而從化又不成。

羊刃格，日干強，財多亦強，二相對峙而無官殺制比以護財，亦無食傷通關。

羊刃格，月令地支逢刑沖。

羊刃格用神選取

羊刃格，日主強，除論從化外，其用神的選取如下：

羊刃格，印多——宜用財星，但注意財星是否被劫。

羊刃格，比劫多——宜用官殺，但注意官殺是否被傷或被合。

羊刃格，官殺多——日干強，宜用財。

日干弱，宜用印。

羊刃格，食傷多——日干強，宜用財生發。
日干弱，宜用印制食傷生身。

羊刃格，財多——宜用官殺制比劫以護財星。
無官殺，則宜用食傷洩刃通關生財。
若身弱，仍取比劫祿刃為用。

羊刃格，刃重——用官殺恐激怒旺神，故宜取食傷洩刃生財為用。

滿盤官殺食傷財剋洩交加，日干轉弱，應取印星洩官殺制食傷生日主為用，但需注意是否財印交差。

羊刃格之喜忌

羊刃格，日干強，因羊刃能劫財沖官，破壞日主的貴氣，可能剋妻害子，故凡日干強者，均忌見之。如得有力或兼有財星支援的官星制伏，或得七殺合去之，則仍可因禍得福。

但羊刃格用官殺，又見食傷制合官殺，則用神受傷，剋洩無當，日干轉弱。若無印星化官殺制食傷以生身，則格局雜亂無章，理不出一個頭緒，亦為大忌。

羊刃格，日干雖強，然見官殺黨多，其力強於日干，或見食傷多，其力亦強於日干，均喜印星生扶及比劫祿刃幫身，忌見財星壞印。

羊刃格，日干強，如見財星黨多，其力大於日干，則喜比劫祿刃加強日干的氣力，忌見官殺剋制。

羊刃格，而刃重，日干強不可黨，見官殺剋制反激怒旺神，見財星也不堪爭奪，在這情況下，只能取食傷洩其旺氣，順其氣勢。

若羊刃格，多見劫財，見官殺而又無力，見食傷又被強印所制，就是旺極無依，不是孤貧亦為僧道。

羊刃格，身殺二停而帶財星，應以印星化殺生身為用。如再見財星，則需比劫幫身。

羊刃格，日干強，以官星為用。若天干透財，因有官管束，故不為災，反可取貴。若天干劫殺並露，則七殺被劫財合去，由於貪合忘剋，致使七殺不能發揮制月刃的作用。所以云：「陽刃用官透刃不慮，羊刃用殺，透刃無成」。

羊刃格，日干強，用殺或官，如果官或殺天透地藏而有力，則貴氣必大；官或殺深藏地支而未露出天干，或露出天干而地支根基淺薄而無力，則貴氣必少。

羊刃格，日干強，四柱官殺食傷剋洩並見，日干轉弱，見有力的印星制食傷洩官殺之氣以生身，也可發貴，但極忌再見財星壞印。

羊刃格，日干強，原局無官殺，或官殺不可為用，而財星天透地藏，深厚有力，又羊刃得月令旺氣，其力甚強，足以劫奪財星，則在這種情況下，不便以財星為用。唯有取食傷洩刃生財通關為用，財氣通也可發富，最忌再見印及比劫。

但食傷財力量大於日干，則反喜見印及比劫而忌食傷財。

羊刃格，如刃強財重二相對峙，沒有通關或制伏之神，則自相剋敵，沒有福貴可言。

羊刃格，如月令刃星與其他地支會合比劫之局且干透比劫，便成從旺格。

羊刃格行運得失

羊刃格，日干強，除從化以外，不論以何者為用神，如見歲運地支與原局地支三合刃局，或三會刃方，則日干強不可擋。原來取以為用之神，均無以使羊刃順伏，故為極凶，即使遇半會或六合亦論禍。

所以日干因遭剋洩而弱，以原局刃星幫身為用。行運歲運地支合去或沖去原局刃星，用神被損，亦以禍論，即羊刃沖合歲君，勃然禍至。

刃重，原局有得力的官星制刃或食傷洩氣生財，運行財鄉，前者可以助官，後者可以生發，均以富貴論之。

羊刃格，日干強，歲運再遇劫刃之鄉，必主刑妻剋子。但原局如有得力的官殺，也可以制合，反以吉論，即甲以乙妹庚妻，凶為吉兆。

羊刃格，日干強，原局有殺刃，乃取羊刃合殺，使二者俱去。歲運又逢殺刃，則不是殺強於刃，就是刃強於殺，二者杆格無情，必發大禍。

羊刃格，日干強，原局有刃無殺，歲運逢殺旺之鄉，如原局沒有印星轉化，則犯旺也有禍，原局有印反可成福。

羊刃格，如原局沒有七殺而以官財為用神，歲運七殺則為官殺混雜。如歲運遇羊刃財星受損，均主一歲蹇滯或因財爭競、兄弟分居、妻妾難去，甚至剋妻害子、官非訟累。

滿盤羊刃，而從旺不成，又行運再見羊刃或逢沖剋，必主財物耗散。更甚者，更會成為無頭之鬼或遭分屍慘死，即書云：「滿盤羊刃定遭分屍，歲運併臨，災殃立至」。

羊刃格，日干強，以官星為用者，行運喜見財官幫助用神，可以發貴發富。若原局官星天透地藏會合有力，而日主轉弱，則行運見印星轉化扶身，也可發福，惟二者均不喜見食傷制合官星。以七殺為用，如殺不甚旺，則行運喜見財官殺生扶；如殺過重，日干轉弱，行運就喜見印比生扶。如見食傷運，用以制合七殺，防其攻身，則不為忌。

羊刃格，日干強，原局官殺財食傷剋洩交加，日干轉弱，以印洩官殺制食傷生身為用，行運喜印比幫助日干。

羊刃格，日干不甚強，原局官殺並見，不論去官留殺或去殺留官，行運仍喜食傷制伏。如日干轉弱，比肩幫身亦可，財官殺運不利。

羊刃格，日干強，原局羊刃與強財對峙，行運見食傷洩刃生財通關使其氣勢流通五行中和，可以說是好運。如局中無財，可取食傷吐秀為用，行運則喜見財星生發，見食傷亦可。

比肩劫財之性格

人事：代表朋友、同輩、對內的感情、兄弟姊妹。

性情：比肩劫財之性格相同，亦比較簡單。如天干透出，代表做事主動爽快，樂於助人。在地支表示硬頸固執。比劫愈多，其性愈硬。

己酉
丙子
壬申
丙午

乙亥 甲戌 癸酉 壬申 辛未 庚午

財旺生官，雖月令陽刃而財有力。喜得己酉官印相生，財官印刃，週流不滯，運行印綬比劫之方，皆為美運，官運亦吉，如癸酉、壬申、辛未三十年是也，甲木食神合官，乙木傷礙官星，均非吉地耳。

辛丑
甲午
丙申
壬辰

癸巳 壬辰 辛卯 庚寅 己丑 戊子

煞透根深，雖月令陽刃，而身非旺，用印化殺，而喜陽刃制財以護印也。初運官殺，雖不相宜，然有印引化無礙，至中運印地庚辛金不通根，而滋助印，均為美運。己丑戊食傷制煞，有印回剋，亦可行也，子運沖刃，禍來矣。

丙戌
丁酉
庚申
壬午

戊戌 己亥 庚子 辛丑 壬寅 癸卯

此丁壬合官留殺也。合官則殺清而純，愈顯其美，煞重，運宜制殺之鄉。身旺運亦美，但戊己印綬則不為吉，因其剋制壬水，去其取清之物也。若壬水不透，而用官殺，則印綬為美運矣，此其不同之點也。

甲寅
庚午
戊申
甲寅

辛未 壬申 癸酉 甲戌 乙亥 丙子

丁巳同祿於午，然寅午會局，刃化為印，沖寅，庚制甲，裁制其太過。更喜申中壬水潤澤，使火不炎，土不燥。雖月令陽刃，然應以印論矣，運行壬申、癸酉最美。

戊子
乙卯
甲子
丙寅

丙辰 丁巳 戊午 己未 庚申 辛酉

月令羊刃而無殺制，用丙火食神洩其旺氣，為水火通明。可惜戊土晦火，中行南方戊己運，其貴不大。

庚申
己卯
甲申
丁卯

庚辰 辛巳 壬午 癸未 甲申 乙酉

年月土金相生，支中卯申各自暗合乙庚化金，日元轉弱。如丁火無制金之力，早行庚辰、辛巳，凶亡。

論運與看命並無分別。看命以四柱干支，配月令之喜忌；而取運則以運之干支配八字之喜忌，故運中每行一字，並以此一字配命中干支而統觀之。為喜為忌，吉凶判然矣。

富貴定於命，窮通繫乎運。命如植物之種籽，而運則是開落之時節也。雖有佳命而不逢時，則英雄無用武之地；反之八字平常，而運能補其缺陷，即可乘時崛起，此所以有「命好不如運好」之說也。看命取用之法，不外乎扶抑通關、調候、病藥之法，取運配合。種種方法，不過助我喜用，補其不足，成敗變化，大致相同。特運以方為重，如寅卯辰東方、巳午未南方、申酉戌西方、亥子丑北方是也；如庚申、辛酉、甲寅、乙卯，干支相同，無論矣；甲午、乙未、丙寅、丁卯，木火同氣；庚子、辛丑、壬申、癸酉，金水同氣，為喜為忌，大致相同。如丙子、丙申，火不通根，庚寅、辛卯，金不通根，則干之力微，而方之力重。干為喜則為福不足，為忌則禍亦不足，故看運需十年並論，不能以一字之喜忌斷章取義也。

行運得失

何為喜？命中所喜之神，我得而助之者是也，如官用印以制傷，而運助印；財生官而身輕，而運助身；印帶財以為忌，而運劫財；食帶殺以成格，身輕而運逢印，煞重而運助食；傷官佩印，而運行官煞；陽刃用官，而運助財鄉；月劫用財，而運行食傷。如此類皆為美運也。

命中喜神或用神，行運助之，即為喜運。官格見傷忌也，用印制傷，可以去病。行運助印者，如以木為印，而行東方甲乙是也。如印露傷藏，則官殺運亦美。傷露印藏忌見官殺，而財運破印，為大忌矣。

財官格，身弱喜行助身之運；印鄉劫地是也，身旺則喜行財官旺鄉矣。

身弱用印，帶財為忌，惟運行劫財，則去其病。身強印旺，喜財損印，以財鄉為美，而忌劫財矣。

食神帶煞，身弱則剋洩交加，運逢印綬制傷，化殺，滋身，三得其美。若身強煞旺，以食制煞為用，則喜行食傷運矣。

傷官佩印者，月令傷官，日元恃印，印露通根，運行官殺，生起印綬為美。若印藏傷露，則官殺忌見矣。

更有官太旺，運喜財鄉洩傷之氣，然四柱雖佩印而不為用，不能以官殺為美也。

陽刃用官殺，而原局刃旺，則喜行財鄉，生起官煞。若刃輕而官殺重，則宜助其刃，月劫用財，惟以有食傷為美。若行財運，要四柱原有食傷方可，即通關之意也，此其大概。

何為忌？命中所忌，我逆而施之者也，如正官無印，而運行傷；財不透食，而運行煞；印綬用官，而運合官；食神帶煞，而運行財；七殺食制，而運逢梟；傷官佩印，而運行財；陽刃用煞，而運逢食；建祿用官，而運逢傷。如此之類，皆敗運也。

命中用神或喜神，宜其生旺者，若行運抑之，即逆運也。如正官為用，以財生官為喜而運行食傷，若原局有印，尚可回剋食傷以護官星，但如無印則用神被傷矣。

財不透食者，柱有食神而不透干也。運行七殺，若透食傷尚可回剋以護財，如不透則食神生財而不制殺，殺洩財之氣以攻身。

印綬用官者，月令印綬而透官星，以官生印也。運合官者，如甲生子月，透辛為用，而運行丙火。丙生卯月，透癸為用，而運行戊土，合去官星，為破格也。

食神帶殺，謂「月令食神而干帶殺」，運行財地則財化食以生煞。七殺食制者，月令七殺，取食制殺為用也，運行梟地，則梟神奪食以護印，同為破格矣。

月令傷官，身強用財，身弱佩印，用財而行劫財之鄉，佩印而行財破印之地，是為破用。

陽刃用煞，建祿用官，同以日元太旺，取官煞裁制祿刃為用。運逢食傷，去其官殺，則祿刃太旺而傷身。總之取運與看命無二法——日元為主，合我之需要為用神，助我之需要為喜神，行運助我喜用為吉運，逆我喜用為劣運。

其有似喜而實忌者，何也？如官逢印運，而本命有合；印逢官運，而本命用殺之類是也。

凡取運必兼顧四柱之神，方能定其喜忌，所謂「運行一字，必以此一字配合命中干支而統觀之」是也。

官逢印運而本命有合，如甲木日元，辛酉日，戊辰年，行癸水印運，則戊癸合，反傷官星也。用官者以才為輔，如用才生官者，亦忌印運，洩官殺之氣，不必定有合也。

用印逢官，本為吉運，然原命為殺重身輕，用印化煞之局，則以印劫扶身為美，再行官殺，均非所宜，非指官殺混雜論也。

有似忌而實喜者，何也？如官逢傷運而命透印、財行殺運而命透食之類是也。

用官星者以傷官為忌，若原局透印，則可以制傷護官，不畏食傷之運。用財星者，以七殺為忌，若原局透食神，則可以生財制殺，不畏官殺之地。雖非佳運，但有解神，所謂逢凶化吉是也。

又有行干而不行支者，何也？如丙生子月亥年，逢丙丁則幫身，逢巳午則相沖是也。丙生子月亥年，壬癸水秉令乘旺，行丙丁運則比劫幫身，行巳午運則為衰神沖旺，反增水勢，是行干不行支也。

又有行支而不行干者，何也？如甲生酉月，辛金透而官猶弱，逢申酉則官植根，逢庚辛則混殺重官之類是也。

此需分別官星之旺弱。若官星弱，運至西方申酉，為官星得地，逢庚辛為混煞重官，嫌其夾雜；若官星旺，則申酉庚辛同忌矣，又需辨其透與不透，若官星弱，藏支而不透干，運逢辛為官星透清，則非重官也。

又有同干一類而不兩行者，何也？如丁生亥月而年透壬官逢丙則幫身，逢丁則合官之類是也。

合殺為喜，合官為忌，如丙生亥月，透壬為殺，逢丙幫身，逢丁合殺，雖同為喜運而不同。蓋丙僅助身，而丁合煞為權也，丁生亥月，透壬為官，逢丙幫身，逢丁合官為忌也。丁生亥月，透壬又透戊為官星遇傷，逢壬為傷官見官，逢癸則化傷為劫，不但幫身，且解官星之厄。若此之類，不勝枚舉，為喜為忌，需體察原局干支日主喜忌而定之。

又有支同一類而不同兩行者，何也？如戊生卯月，丑年，逢申則自坐長生，逢酉則會丑以傷官之類是也。

支之變化，較之天干尤為複雜。如上例戊生卯月，生於子年，逢申則會水生官，逢酉則傷剋官星。丁生酉月，逢午為祿堂劫才，逢巳則會成才局。丁生酉月辰年，辰酉本可合金，惟又生財，運逢子，子辰會起水局，反洩才之氣。如此之類，不勝枚舉也。

又有同是相沖而分緩急者，何也？沖年月者急，沖日時則緩也。但是此一説未可拘定。沖提綱月令為重，餘支為輕；沖喜神則用神所在地為重，非喜用所在為輕。又有就支神性質分別者，蓋寅申巳亥四生地為重，氣尚微弱，逢沖則壞也。子午卯酉氣專而旺，或成或敗，隨局而定。辰戌丑未為兄弟朋友，無關緊要，《滴天髓》所謂：「生方怕動庫宜開，敗地逢沖仔細推」是也。

又有同是相沖而分輕重者，何也？運本美而逢沖則輕，運既忌而又沖則重也。

沖剋需看喜忌。運喜而沖忌則輕，運忌而沖喜則重。更需推看流年，或運雖為喜而流年併沖，亦不為吉。

又有逢沖而不沖者，何也？如甲用酉官，行卯則沖，然本命巳酉相會，則沖無力；年支亥未，卯逢年會而不沖月官之類是也。

逢沖不沖者，因有會合解沖也。甲用酉官，原局有巳丑，則官星會局，卯沖無力；原局有亥或未，運至卯則三合會局而不沖，詳請參閱刑沖會合解法（詳見46頁）。

又有一沖而得兩沖者，何也？如乙用申官，兩申並而不沖一寅，然上運時又逢寅則運與本命合成二寅以沖二申之類是也。

兩沖一之說，未可盡信。沖者剋也，寅申，即庚甲，甲遇兩庚，豈不剋乎？特兩申一寅，氣不專注，譬如兩庚一乙，妒合不專，運再逢乙，則兩庚各合一乙而情專，沖亦如是。運再逢寅，以一沖而引起兩沖也。

此皆取運之要法，其備細會於各格運時詳述之。

命之格局，成於八字，然配之以運，亦有成格變格之權。事實上，成格變格較之喜忌禍福尤重。

何為成格？本命用神，成而未全，從而就之者是也。如丁生辰月，透壬為官，而運逢申子以會之；乙生辰月，或申或子會印成局，而運逢壬癸以透之。如此之類，皆成格也。

丁生辰月，壬水墓庫，雖用官星，其根未固，運逢申子則官星根固而力顯。

乙生辰月雖會水局，印星夾雜，運逢壬癸，然印透清，此為補其不足，格局因而完成也。

何為變格？如丁生辰月，透壬為官，而運又逢戊，透出辰中傷官。壬生戌月，丁己並透，而支會寅午，作財旺生官矣，而運逢戊土，透出戌中七殺。壬生亥月，透己為用，作建祿用官矣，而運逢卯未，會亥成木，又化建祿為傷。如此之類，皆變格也。

原局支中所藏，逢運為透清，力量甚重，故丁生辰月，透壬用官，而運見戊，與原局官見傷官無二。壬生戌月，丁己並透而用官，運見戊土，與原局官殺混雜無二，是為行運言用，尚非變換格局也。若壬生亥月透己為建祿用官，而運逢寅卯為建祿化傷，格局變換也，特僅此運中五年耳。若行未運，亥未雖會，虛而不實，而己土官星得地，格局變而不變也。

然亦有逢成格局而不喜者，何也？如壬生午月，運透己官，而本命有甲之類是也。

壬生午月，運逢己土，官星透清，原局透甲，則官星被回剋而無用。若原局丁甲並透，以財逢食生為用，則己土合甲，反傷喜神為忌矣。

又有逢變格而不忌者，何也？如丁生辰月，透壬用官，逢戊而命有甲，壬生亥月，透己用官，運逢卯未而命有庚辛之類是也。丁生辰月，壬甲並透，有印護官，不畏傷官之運。壬生亥月，官透而支有申酉之印，則運逢寅卯，有申酉回剋，不能會局變格。庚辛即申酉也，運逢未，則會局本虛，見上變格。

成格變格，關係甚大，取運者宜詳細看之。

論喜忌支干有別

命中喜忌，雖支干俱有，而干主天，動而有為；支主地，靜以待用，然干主一而支藏多為禍為福安需不殊。

兩干不並行，兩支亦不並行，前於論行運一節曾言之——運以方為重，即地支之方也，如寅卯辰東方，巳午未南方，申酉丑西方，亥子丑北方之類，行運十年並論。庚寅庚午，金不通根，木火之氣為重；丙子丙申，火不通根，金水之氣為重；若庚辰辛丑，金得土生，丙寅丁卯，火得木生，即干之力為鉅，此統論干支之力也。若分別干與支，原局喜在去病，則干之力為專；喜在得地，則支之力為美。至於干支喜忌不同者，下詳之：

譬如甲用酉官，逢庚辛則官殺混雜，然申酉不作此例。申亦辛之旺地，辛坐申酉，如府官又掌道印也，逢二平則官犯重，而二酉不作此例。辛坐二酉，如一府而攝二郡也。透丁則傷官，而逢午不作此例，丁動而午靜，且丁巳並藏，焉知其為財也。

官殺，兄弟也，對內各分門戶，對外合力同心。申酉金之根地，官之家，亦煞之家也。故甲用辛官，庚辛並透為混雜，申酉並見，不以雜論。二辛並見為重官，二酉並見不為重也，官煞並見，非定作混雜論，而混雜亦非定以為忌。大致用印化煞，不忌混官；用才生官，則忌煞混。用食制殺，而原局官殺並見，則官多從煞，亦不作混論也。

然亦有支而能作禍福者，何也？如甲用酉官，逢午本未能傷，而又遇寅遇戌，不隔二位，二者合而火動，亦能傷矣。即此反觀，如甲生申月，午不制殺，會寅會戌，二者清局而火動，亦能制殺矣，然必會而有動，是正與干有別也。即此一端，餘者可知。

支因沖而動，因會而動，動則能作禍福。如甲用酉官而辛透，雖別支有午，不能傷官星也。運遇寅戌會局則火動傷官，甲用申煞而庚透，別支逢午，不能制殺；運遇寅戌會局，火動而制殺，然此指干支相隔而言，若辛金不透，午酉緊貼，官星未必不傷。特支神各守範圍，不動則力不顯，不比干之動力強也。茲而取數造以為行運干支不同之例：

清光緒時，招商局督辦趙鐵橋之造：

丁亥

乙巳

丁酉 32辛丑

甲辰 42庚子

財格佩印，巳酉合而化財，甲乙透干，財不礙印也。行運辛金從酉中透清，辛為柔金，不傷甲木，丑會巳酉，三合金局，貴為招商局督辦，此所謂因會而動，能作禍福也。至庚合乙傷甲，兩印均破，被刺遇害。

康有為造：

戊午　　水木傷官，而水旺木浮，戊土制水，所以生木，故取煞制刃為用
乙卯　　神。午運沖子，以一沖而引起兩沖，喜神沖忌，聲名揚溢。己未均土
壬子 25戊午　也，然己有助煞刃之功，未運會卯化木，喜化為忌，傷官動而制煞。
庚子 35己未　戊戌政變，年四十一，並未入運，猶幸戊戌流年為美，得死裏逃生。

論支中喜忌逢運透清

支中喜忌，固與干有別矣，而運逢透清，則靜而待用者，正得其用，而喜忌之驗，於此乃見。何謂「透清」，如甲用酉官，逢辰未即為財，而運透戊，逢午未即為傷，而運透丁之類是也。

原局支中所藏之神不一，為喜為忌，靜而待用。逢運引出，其力方顯，如上列康有為造，原局午中丁己俱藏，至運逢己字則己土引出得用，官煞制刃之力顯矣。

若命與運二支會局，亦作清論，如甲用酉官，本命有午，而運逢寅戌之類。然在年則重，在日次之，至時生於午，而運逢寅戌會局，則緩而不急矣。雖格局之成敗高低，八字已有定論，但命中原有者不同，而此五年中，亦能為其禍福。若月令之物而運中透清，則與命中原有者不甚懸。

丁丑 5丙午
丁未 15乙巳
丁酉 25甲辰
丁未 35癸卯

火旺遇金而有食神生之，富格也。火旺金衰，至巳運，巳酉丑三合會齊，最為活動得意。餘均困守，卯運會未，忌神透清發動，不祿。

運中透清或會合，與原有者實不甚相遠，特僅此五年耳，過此則依然如故。至於在年或在日時，未可拘執，總之喜忌清則吉凶之驗顯，若為閒雜之神，則關係亦輕耳。

故凡一八字到手，必須逐干逐支，上下統看。支為干之生地，干為支之發用，如命中有一甲字，則統觀四支，有寅亥卯未等字否。如有一字，皆甲木之根也，有一亥字，則統觀四干，有壬甲二字否，有壬，則亥為壬祿，以壬水用；有甲，則亥為甲長生，以甲木用；壬甲俱全，則以一祿為根，一以長生為根，二者並用。取運亦用此術，將本命八字，逐干逐支配之而已。

「支為干之地，干為支之發用」二語，實為看命之要旨，並透兼用之說，似未盡合，地支之中，所藏多神，然亦有次序可循。如寅中藏甲丙戊三神，甲當旺之氣也，丙方生之氣也，戊寄生之氣也，次序先甲，次丙，次戊，顯然可見。又如辰中藏戊乙癸三神，戊土之本氣也，乙木春之餘氣也，癸水墓也，先戊，次乙，次癸，次序亦顯然可見。

格局高低之分，《滴天髓》以真假、清濁分高低，而《子平真詮》則以有情無情、有力無力辨優劣。由於其義理概括，所以初學者讀之，難免有茫然之感，現作詳細分析如下：一、真假；二、虛實；三、清濁；四、有力無力；五、有情無情；六、團結，然後再配以調候之有無，有則格局更佳。

真假

令上尋真聚得真，假神休要亂真神，真神得用平生貴，用假終為碌碌人。
真假參差難辨論，不明不暗受迍邅，提綱不與真神照，暗處尋真也有真。

看法中之最重要者，為用神之真假。何謂真神，日元者，天賦於我之性質也，月建者時令之氣也，以我所秉之性質，合之於時令。缺憾在何處，補救需何神，此能補救之神，適來為我所用，是為真神。譬如：日元為木，生於夏令，木者，我天賦之性質也。夏令火旺，木氣枯槁，得水潤之則榮，是以夏令之木，以水為真神也；生於冬令，水凍木槁，得火暖之則榮，是以冬令之木，以火為真神也。需要迫切，得之則成，失之則敗，補救挽回，特此一點是為真神。更辨木之性質，甲木為向旺之木於三月，春深木老，必得庚金劈之，方能引生丁火，而成木火通明之象。故三月甲木，以庚丁並用為上格，辛丙假神也。乙木則不然，乙為向衰氣竭之木，只宜丙火暖之，癸水潤之，乙木自得繁榮，壬丁無益，庚丁亦無用，皆假神也。明乎此，則用真神之所以貴，亦顯然可見。

甲子
丙寅
己丑
甲子

丁卯　戊辰　己巳　庚午　辛未　壬申　癸酉

己土卑薄，生於春初，寒濕之體，其氣虛弱，得甲丙並透，印正官清，聚得真也。柱中金不現而水得化，假神不亂，更喜運走東南，印旺之地，仕至尚書。

壬申
壬寅
丙子
乙未

癸卯　甲辰　乙巳　丙午　丁未　戊申

殺逞財勢，嫩木逢金，最喜寅木真神當令。時干透出，乙木元神，寅申之沖，謂之有病。運至南方火地，去申金之病，仕至封疆，聲名赫奕。

乙酉
戊寅
壬午
庚戌

丁丑　丙子　乙亥　甲戌　癸酉　壬申

壬水生於立春後二十二日，正當甲木真神司令，而天干土金並透，地支通根戌酉，此謂真神失勢，假神得局。用以庚金化殺，法當以假作真，純粹可觀。雖嫌支全火局，剋金灼水，喜其火不透干，又得戊土生化。更妙運走西北，所以早登雲路，甲第蜚聲，仕至封疆。

庚戌
戊寅
癸未
癸丑

己卯 庚辰 辛巳 壬午 癸未 甲申 乙酉

癸水生於立春後二十六日，正當甲木真神司令。而天干土金並透，地支丑戌通根，傷官雖當令，而官殺之勢縱橫，即使傷能敵殺，而日主反洩，況未能敵乎。庚金雖是假神，無如日主愛假憎真，用庚金有二妙：一則化官殺之強，二則生我之日元。時干比肩幫身，又能潤土養金。第中運南方生殺壞印，奔馳不遇，至甲申，運轉西方，用神得地，得軍功，飛升知縣。乙酉更佳，仕至州牧，惟一交丙，則壞庚印不祿。

丙子
己亥
辛酉
己亥

庚子 辛丑 壬寅 癸卯 甲辰 乙巳

此造以常論之，寒金喜火，金水傷官喜見官，且日主專祿，必用丙火無疑。不知水勢猖狂，竊去命主元神，不但不能用官，即或用官而丙火全無根氣，必須用己土之印，使其止水生金，衛火。己入亥宮臨絕，欲使丙火生土，而丙火先受水剋，焉能生土？所以己土反被水傷，真神無情，假神虛脫。初運庚子辛丑，比劫幫身，蔭庇之餘，衣食頗豐。壬運丁艱，一交寅運，東方木地，虛土受傷，破蕩祖業，刑妻剋子，出外不知所終。

虛實

四柱明見者為實，不見者為虛，書云：「用實不如用虛」，又云：「見不見之形，抽不抽之緒」。所謂不見之形，即虛神是也。凡我所需要之真神，原命雖不明見，而四柱干支暗沖之，暗合之，眾矢一鵠，集於一點，神完氣足，是為虛神。然而，必須全局干支集中於此一點，方可為用。若單見一二支沖者，非是。又地支聯夾拱之物，適為我所需要之真神亦可用。此二者皆為用虛，苦明見，則實而非虛。

辛卯
庚寅
庚午
己卯

庚生寅月絕地，午宮己土出干絕處逢生，此乃取貴之一端，若言其用神格局則不止此。兩卯沖酉，午破酉，胎元巳合酉，酉宮辛金之用出干，四柱雖不見酉，然有酉之虛神在，此暗刃也。庚金雖臨絕地而暗強，加以命宮子成午卯酉四沖之局，庚午日坐官印丁己得祿，時卯，財星得祿，財官印三奇成格。暗成官刃，明見三奇，春金喜比劫幫助，陽刃虛神為需要之神。取午宮丁火相制成格，此所以總握重兵，貴為方面歟。

辛酉
庚子
丙辰
己丑

丙火生十一月，冬日無溫，必須印劫為助，迫切需要，非此不能取貴。此造酉子夾戌亥，辰丑夾寅卯，月時子丑居中，年月辰酉為夾，寅亥合木，卯戌合火暗劫暗印，適補其缺。運行木火，貴為總揆。書云：「用實不若虛洵」，至言也。

辛未
甲午
丙申
戊戌

此命午戌拱寅，見申沖寅，寅中甲丙戊三神，齊透天干，虛神籠罩。

註：虛神之説，不可為信。虛實只以地支聯珠並拱。拱用神、貴人等有用之神能加大格局之力，而變為九字十字，使其力更顯。

清濁

一清到底有精神，管取平生富貴真，澄濁求清清得靜，時來寒谷也回春。
滿盤濁氣令人苦，一局清枯也苦人，半清半濁猶是可，多成多改度晨昏。

全局八個字，地位配合皆適當。除用神喜神外，別無閒神夾雜其間，是謂之「清」。如用財官，而財藏官露，官不重出，煞不混雜，有印而印生日主，不洩官星之氣，不為財所破，是因地位配合適當而清也。原命一神一用，體用相生，或三神成象，如水木火相生，水生木不剋火，亦謂之「清」也。全局氣勢偏於一方，格成從化專旺，而無違逆，或洩弱旺氣之神，亦謂之「清」也，反之則為濁。原命有病，得藥為救，清也，更見傷救應之神，需輾轉救護則濁矣。「清濁」兩字，有非文字言語所能形容者，多看八字，自能覺悟。八字清純專一，則品格地位自高，故「清」之一字，亦為格局高下分別之一也。

癸酉
甲子
丙寅
乙未

丙生子月，坐下長生，印透根深，弱中之旺，喜其官星當令，透而坐財，所謂一清到底有精神也。更妙源流不悖，純粹可觀，金水運，登科登甲，名高翰苑，惜中運火土，以致終老詞林。

甲子
丙寅
己亥
辛未

春土坐亥，財官太旺，最喜獨印逢生，財藏生官，則印綬之元神愈旺。氣貫生時，而日主之氣不薄，更妙連珠生化，尤羡運途不悖。所以恩分雕錦，寵錫金蓮，地近禁城，職居清要。

癸未
甲子
丙寅
丁酉

癸亥 壬戌 辛酉 庚申 己未 戊午

此與前癸酉一造，大同小異。前則官坐財地，此則官坐傷地兼子未相貼，不但天干之官受剋，即地支之官亦傷，更嫌劫入財鄉。所謂財劫官傷，縱使芹香早采，仍蹭蹬秋闈。辛酉、庚申運干支皆財，財如放梢春竹，利如蔓草生枝，家業豐裕，惟一交己未，則傷妻剋子，連遭回祿，家業大破，可知窮通在運矣。

乙亥
庚辰
戊戌
丁巳

己卯 戊寅 丁丑 丙子 乙亥 甲戌

戊戌日元，生於辰月巳時，木退氣，土乘權，印綬重逢，用官則被金合壞，用食則官又不從化，而火又剋金，無奈何而用財，又有巳亥遙沖，又不當令。若邀庚金相生助，貪合忘生，且遙隔無情，所以起倒不一。幸而財官尚有餘氣，至乙亥運，補起財官，遂成小康。

癸亥
己未
丙午
己丑

戊午 丁巳 丙辰 乙卯 甲寅 癸丑

火長夏令，原屬旺論，然時在季夏，火氣稍退，兼之重疊傷官洩氣，丑乃濕土，能晦丙火之光，以旺變弱。濁氣當權，清氣失勢，兼之先行三十年火土運，半生起倒多端。至乙卯、甲寅，木疏原土，掃除濁氣，生扶日元，衛護官星，左會右合，財茂業成。

丁卯　丁未　庚午　己卯

丙午　乙巳　甲辰　癸卯　壬寅　辛丑

此造大略觀之，財生官，官生印，印生身，似乎清美，無如午未南方，火烈土焦，能脆金不能生金。且本從火勢，又壞印，生化之情，非清枯而何，更嫌運走東南，明月清風誰與共，高山流水少知音。

有力無力

全局旋乾轉坤，藉此一神，而此神逢生得祿，則為用神有力；若支藏而不出干，則為力不足，需有運程扶助。若此旋乾轉坤之神，是月令當旺之氣，則無有不富貴者，蓋月令真神得用也。有力無力之辨在於：一、得用；二、當旺；三、通根。

癸未　辛酉　乙酉　丁亥

戊子　辛酉　乙未　丙子

戊午　辛酉　乙卯　丙戌

此三造皆所謂辛金透，丁火剛，秋木盛也。然需注意辛金必須透出，方為有力而成貴格；乙為柔木，不怕煞旺也，不透則不貴；丙丁亦以透出為美，如下造：

癸酉
辛酉
乙丑
辛巳

乙木太弱，雖印透通根，不作從論，究嫌秋木不盛，丙火藏巳，三合牽絆，制煞無力。雖同為貴格，而較上三造，有高低之分。如若丁火透出，而辛金不透，則制過七殺，庸碌之人耳，非秋木不作此論。

有情無情

情與力皆無形跡可言，然無力，猶可藉運程扶助。若無情，則格局根本無所取，故情尤為重要，茲分別說明之。

一、體用同宮

月令支中所藏三神，同出天干適為日元，及喜用之神，名「體用同宮」。

《滴天髓》云：「令上尋真聚得真，味一聚字」，不特同宮並透者為真神，且月令當旺之神，是未有不大富貴者，以其有力而兼有情也。

地支所藏之用為陽干，透出者為陽干，所藏之用為陰干，透出者為陰干，此為有情而清。如下例：

陳濟棠造：

庚寅
戊寅
甲子
丙寅

寅中甲丙戊三神，同宮並透是也。

支中所藏之用為陽，而透出者為陰干；所藏之用為陰，透出者為陽干。雖陰陽有殊，然氣無二致，如下例：

蔣奉化造：

丁亥
庚戌
己巳
辛未

戌中所藏為戊辛丁，而透出干頭為己辛丁。雖有陰干陽干之殊，而為土金傷官佩印則一，惟氣勢較雜耳。體用同出月垣最為貴氣，若為年月時支則較遜，以非時令當旺之氣，力量也較遜也。

二、聚透同宮

月支藏用齊出天干，雖非用神，卻能輔助以成格。如辛生丑月，干透己癸，食印兼資，癸生丑月，干透己辛，煞印相生。如下例：

蘇東坡學士造：

丙子
辛丑
癸亥
乙卯

雖用在丙火，而以癸辛同宮並透取貴，名「雪後陽光」。

彭剛直公玉麟命：

丙子
辛丑
戊子
癸丑

亦用在丙火，而以丑宮土金水，同宮並透，取貴是也。

三、同出一旬

四柱同出一旬之內，氣聚而純，或體用同出一旬，亦分外親切，有情兼有力。如：

宋子文命：

甲午

乙亥

庚辰

乙卯

月日同出甲戌旬，用在財星，體用在一旬之內也。

團結

團結與散漫，本包括於有情無情、有力無力之中，是最普通亦最重要的一環。干支團結，方有精神，格局高低，由是分別。

一、合神

合神者，五合、三合、六合也。古人論命，最重合神，有明合、暗合、上下合、左右合，及上下左右相合。取其氣勢團結，映帶有情也。如：

彭剛直公命：

丙子
辛丑
戊子
癸丑

四干四支皆合，何礙於丙火之用。

尹文端公命：

辛巳
己亥
辛巳
己亥

四柱皆上下相合，何礙於巳宮丙火之用哉？要之多合，氣勢團聚，自有一種精神。雖不能以合為取貴之徵，也為格局優點之一。

二、天干順食一氣

順食者，天干見甲丙戊庚壬或乙丁巳辛癸，順序相食是也。順序為貴，錯雜即非，天干一氣者，如干見兩甲兩乙，或見甲乙丙丁是也。

三、地支聯珠夾拱

聯珠者，地支一氣也，如子年、寅月、辰日、午時，或子年、丑月、寅日、卯時，皆為聯珠，更有二三字相聯，中隔一字者，名為「聯珠夾拱」，如子亥丑夾寅。亥子寅卯夾丑是也，夾拱成方成局，柱見兩邊，如寅卯辰東方，柱見寅辰，中夾卯字；巳午未南方，柱見巳未，中夾午字是謂之「夾」。寅午戌火局，柱見寅戌，中拱午字；申子辰水局，柱見申辰，中拱子字，是為之拱。夾拱之字，為祿為貴，為財官印，隨變化。拱夾為重要的看法之一，上者為虛神可用，次者為徵驗所關，下者亦為氣勢團結之一種。如：

襄國荃造：

甲申
甲戌
庚辰
壬午

夾巳未酉三支，為聯珠夾貴。

康熙造：

甲午
戊辰
戊申
丙辰

夾祿貴而拱財星也。

汪精衛造：

癸未
丙辰
戊申
丁巳

地支辰巳未申夾午字，是拱夾之變也。

四、地位整齊

地支成方成局，氣聚一方，中成拱夾上已詳述，更有雖非方局而支辰整齊，兩相對峙，自見精神者。如：

蔣奉化造：

丁亥
庚戌
己巳
辛未

戌亥乾宮，巳未夾午離位，兩氣對立。

徐東海命：

乙卯
丙戌
癸酉
丙辰

卯辰東方，酉戌西方，東南夾輔，此皆以整齊為貴。

更有大方面之夾拱，如支見兩子兩午，或四方面夾拱，如支全子午卯酉或寅申巳亥，或辰戌丑未，皆取其整齊。入格為四極，不入格為四沖（註：以日令通根為入格）。如：

明太祖命：

戊辰
壬戌
丁丑
丁未

支全四庫。

乾隆帝命：

辛卯
丁酉
庚午
丙子

支全四仲。

以上各種團結方式，以用神真假為主。如用神不真，其餘團結，皆無所用，雖有若無。得真神為用，則錦上添花，愈顯精神，格局益增完美。

流年從何月開始?其實,它並不一定由每年的立春開始、在翌年的立春止。

流年的開始要分天干地支。天干的看法,就是以流年的天干為依據,從相同的流月天干開始,如:

年	**月**	
甲子	正	丙寅
	二	丁卯
	三	戊辰
	四	己巳
	五	庚午
	六	辛未
	七	壬申
	八	癸酉
	九	甲戌
	十	乙亥
	十一	丙子
	十二	丁丑

即甲子年自甲戌月才開始正式走甲子流年，直至遇到庚字天干剋甲木為止，即到乙丑年三月為止。

年	乙丑
月	
正	戊寅
二	己卯
三	庚辰
四	辛巳
五	戊午

而甲子年下半年流月就從相同的地支開始，即丙子月開始到壬午月子午沖止。

從格

從格即八字中日主衰極失令無印及比劫生扶，而其他七字卻成群結黨而專旺於一方，即全局除日主外，其餘食傷、官殺、財星或印之中有一行獨旺或二行同旺，甚至三行同旺。是以日主迫於形勢，不得不從其旺神而去相從。

從格分真從、假從

真從格局純粹，大多生於富貴之家，行運得其喜用，大都可以克紹箕裘。即使身逢逆運，只要不是犯旺亦多能履險如夷，但這種格局為數甚少。

假從格局雖不純粹，而且大多生於普通家庭，但若假行真運，也可以發富發貴，只是當時過境遷，便可能會一落千丈，或遇凶禍，回復原來的地位。

從格中大多屬於假從。其雖較普通格局更容易發富發貴，然所遇之困境、所冒之風險亦過之。

一、從財格

日主失令無根，全局無印或比劫，而財星眾多且旺，可以見官或見食傷，即成從財格，又柱有官星能貴。

從財成格者，行運用財，喜食傷生，官殺制比劫。行比劫運有官殺相制尚無大患，否則大破財或喪命。行印運亦凶，宜防刑剋、官訟牢獄之災。

從財之格官星無破者可論貴，否則富大貴小。若官星被食傷剋破則不貴，不宜任官職，否則有犯法丟官之虞。

乙卯　戊寅
己卯　丁丑
庚午　丙子
丁亥　乙亥
　　　甲戌
　　　癸酉 ← (酉運羊刃沖才而凶)

月令卯才，年柱又乙卯財星透干，地支亥卯半會財局，己印雖透，然為乙木所剋去。時干丁火，官星得祿於午，比劫全無，日干衰弱極矣。因財星當令，又旺於官，所以作從財論，有官星故貴。

乙亥
己丑
戊子
壬子

大運：戊子 丁亥 丙戌 乙酉 甲申 癸未

→（戌運有災禍）

亥子丑北方財局，時上壬子，財又透干，己土比劫因亥子丑會方。丑土已失去其原性，故己土無根為乙木所剋，成從財格。

戊辰
甲寅
壬戌
丙午

大運：乙卯 丙辰 丁巳 戊午 己未 庚申

→（大運辰不利，庚申運大破）

地支寅午戌會財局，時干透出丙火財星，年殺月食，剋洩交加，辰為水庫，為戊土制住，作從財格論，為假從。

辛未
戊戌
乙酉
丙戌

大運：丁酉 丙申 乙未 甲午 癸巳 壬辰

→（甲運差，壬癸運有土回剋無大患）

地支二戌一未三支強財，戊又透干，財獨旺，且有丙火傷官生之，辛酉七殺，全局剋洩交集而無印比，從財格也。

壬午　丁未 戊申
丙午　己酉 庚戌
癸巳　辛亥 壬子
甲寅

壬癸無根，生於五月，才星秉令，更得甲木出干，洩水生火，從才格真。且巳宮有戊，午宮有丁，上下相合，從而兼化，氣勢純粹，行西方運，反增其財（從全局氣勢言見金為財）。然北方運，逆其旺氣，乃見衰退，惟百足之蟲，至死不僵也。

二、從官殺格

日主失令無根，全局官殺眾多且透干而旺，無食剋制，即成從殺格（官多變殺）。

凡從殺格，必大富貴。

從殺格不論真假均取官殺為用神，喜財星來生官殺。

最忌食傷破官殺，次忌比劫印運，逢食傷運，必有大禍。比劫印運亦主破財、官訟和牢獄之災。

從殺格原局有財，貴而又富。

乙 乙 乙 庚
酉 酉 酉 戌

庚寅 己丑 戊子 丁亥 丙戌

乙木無根，虛浮天干，金之官星在地支強旺又透干，庚金剋去木，作從殺論。

（寅運凶，戊子、己丑、庚佳運）

乙 乙 辛 辛
酉 酉 丑 巳

乙未 丙申 丁酉 戊戌 己亥 庚子

地支三合金局，二辛透出，剋去乙比而格從。

乙 己 丁 壬
亥 卯 未 寅

壬子 辛亥 庚戌 己酉 戊申

己土生未月，乃土旺之時。然亥月卯未支成木局，年支見寅月，丁壬化合，四柱全木，更見乙木出干，剋制己土，不能不棄命從煞矣，此所謂從勢無情義也。且未月木墓非當旺之時，此在陰干為真從，若為陽干戊寅，決不以從論，以火土皆有氣也。

丙 丙 丙 丙
申 子 申 申

辛丑 庚子 己亥 戊戌 丁酉

丙生申月而子申會成殺局，地支全殺，丙火天干雖有三比支扶，但皆不植根，不得不從，格成從才官。

三、從兒格

日主需生於食傷之月令，並得地支多食傷或會食傷局方，且透天干。又食傷要為四柱中最旺的一行，還要見財星，四柱不見印及官殺，方能格成從兒。無財星者非從兒格，若比劫旺於食傷則非從兒。

從兒格成而天干透比者貴，不透比則只富不貴。

從兒格行運，必以食傷為用神，喜財，比劫亦吉。

最忌印鄉，有亡命之憂，如行官殺則多破產，退官犯法，牢獄之災。

戊	丁	戊	己
申	未	辰	未

乙亥 甲戌 癸酉 壬申 辛未 庚午 己巳

（女命）四柱中土佔六位，食傷旺有財星，無印及官殺，格成從兒，無比劫不貴，名利二輝，行運亦佳，至乙亥止。

戊 辛 戊 壬
子 酉 申 子

壬戌 癸亥 甲子 乙丑 丙寅

（丙寅運壞）

金當令，地支二柱且透干，水財亦旺，無官印成格，透比而貴。

丁 壬 癸 丙
卯 寅 卯 辰

地支方全，全部化木，丁壬合化木，比劫出干，丙財透出，真從兒格，貴而且富。

辛 甲 甲 己
巳 午 午 巳

癸巳 壬辰 辛卯 庚寅 己丑 戊子

（庚辛壬運欠佳，己丑戊運大發）

地支四火，財比透干，食傷不透，官星虛露，作假從兒格。

四、從強格

八字構成印星當令，復得地得勢，成母旺子衰之局。局中全無一點財星，謂之可順而不可逆也，故取運喜印星比劫。

從強格行印比劫祿刃均為佳運，行官殺運雖犯旺，但有印星轉化而不忌。最忌者為財運，剋制旺神則大凶，行食傷運有強印回剋亦忌。

庚辰 丙戌
乙酉 丁亥
癸卯 戊子
庚申 己丑
庚寅
辛卯

乙從庚合，卯從申合，辰從酉合，全局皆金。又生於八月，酉金秉令，金白水清，惟餘日元一癸，洩金之氣，固當以癸為用，更宜行水鄉以洩金神之秀。

五、從旺格

從旺格又名「專旺格」或「一行得氣格」。

從旺格分為五類：(1)木從旺名「曲直格」。

(2)火從旺名「炎上格」。

(3)土從旺名「稼穡格」。

(4) 金從旺名「從革格」。
(5) 水從旺名「潤下格」。

從旺格因順從日干一行的強旺之勢而論，故地支會因會合日干五行的方或局或日干黨眾而強旺，惟原局均不可見官殺，一見官殺就算破格。如若破格，便作普通格局或陽刃、建祿格以論其成敗得失。若食傷財天透地藏盜洩日主的旺氣過甚，亦應以普通格局或陽刃、建祿格來加以推論。

從旺格其勢專旺，成則從之，不成則捨之而以其他格局推之。若其喜用適合正常五行常理者，仍可以發富發貴，不因從旺不成而即破敗無餘，這一點宜注意。

從旺格的喜忌

原則上，從旺格喜見比劫印祿刃，忌見官殺。

見食傷流通其氣勢亦可。

見財星則需視八字所構成的不同形勢而論其喜忌。

此外，尚有因調候的關係而論格局的高低。

喜忌：

1.從旺格最喜日干氣通月令而得時，其旺氣引至時上遇生旺不臨死絕，全局旺氣干支均不逢沖剋而有印生之，或食傷洩之，使其相輔而行，而無孤獨無偶的現象。

2.從旺格最喜日干氣通月令而地支成方局得時而旺，然地支三合成局較為有力，格易成而難破，地支三合會方，其氣雜而不專，一遇沖擊則分崩離析，很容易破局，故以地支成局為優，三合成方次之。

3.日干不得月令旺氣而地支成方成局者，或地支局方並見，只要日干黨多而強，有印生扶，不見剋伐，也可以從旺格論，惟較得時兼得方局次之。

(1) 曲直格

甲乙木生於寅卯辰或亥未月，而地支會合成局成方，天干透出比劫，不見官殺剋伐，便成曲直格。

喜水木生扶，大畏庚辛申酉沖破東方秀氣。

原局有食傷透露，則以食傷為用神。

透財星，則必待食傷運而後發。

若食傷財均不透而單透印，則印星為用。如遇官殺運有印化，則不為忌。

凡生於春令，用印或用食傷，富貴相同。

生於未月喜印，食傷亦可，但格局不及印。
生於亥月喜食傷，印亦可，但格局不及食傷。
} 調候之關係。

曲直格成立者，因五行木主仁，故為人多慈悲為懷，好施捨孤恤。

李鴻章命：

癸未
甲寅
乙亥
己卯

癸丑 壬子 辛亥 庚戌 己酉 戊申 丁未 丙午 ← （辛丑年卒壽七十九）

正月乙木，不離丙癸，生於雨水前四日，月令寅宮有丙火解凍，干透癸水養木，為上上之命。癸透即以癸印為用，用印故不忌官殺，運行西方，封侯拜相，午運木之死地。

段祺瑞命：

乙丑 戊寅
己卯 丁丑
乙亥 丙子
癸未 乙亥
甲戌
癸酉

生於二月，陽壯木渴，得癸水出干養木，大貴之命，適合於正二月乙木之需要也，即癸印為用。運行西方，位至執政，七旬後轉南方運，丙子年卒，壽七十二。

法學家吳經熊博士命：

己亥 丙寅
丁卯 乙丑
乙未 甲子
己卯 癸亥
壬戌
辛酉

二月乙木，見丁火出干，名「木火文星」，若在前清，必蜚聲翰苑為文學侍從之臣，勳名事業，則不如用癸，以陽壯木渴缺水潤澤故也，兩己洩丁非美，然不礙其成格。

(2) 炎上格

丙丁火生於巳午未月或寅戌月，天干透出比劫。

火旺乃文明之象，生於巳午未月氣勢似覺過專，故喜見食傷吐洩其氣。生於寅戌月火不當令，其氣方進或已過，這是火虛有燄，喜印比劫祿刃生扶其旺神。然炎上格也有印與食傷兼用者，以防土晦火光也。至於無印與食傷而用財者，行食傷則富而不貴。炎上格成立者因五行火主禮，故為人多重禮貌。

甲午　庚午　丙午　甲午

辛未　壬申　癸酉　甲戌　乙亥　丙子

真炎上格，得時秉令，格局完備，毫無缺點，惟運程西北，火勢下熠，逆其性矣，故巽懦怯弱，毫無作為，火性無情，雖成格，無所取也。

戊戌　甲寅　丙午　甲午

乙卯　丙辰　丁巳　戊午　己未　庚申

此造丙生寅月，雖炎上失時，但喜其運走東南方，故貴為宰相。

戊戌　甲寅　丙午　戊戌

乙卯　丙辰　丁巳　戊午　己未　庚申

此造亦炎上失時，且洩氣太重，雖亦走東南方運，但富而不貴。

(3) 稼穡格

戊己土生於四季月，得辰戌丑未四支或三支，天干透出此劫，不見官殺剋伐，格取稼穡。

喜火土生扶，忌木剋伐，但生於午未月，則火炎土燥無生育之意，即「晦火無光於稼穡」。不論原局或歲運均喜食傷以引化其氣，忌再見印星生扶。夏令稼穡格，時逢有金洩氣必是大富大貴之格局。稼穡格成立者，因五行土主信，故為人多信實無妄。

癸未	辛酉 庚申
壬戌	己未 戊午
己丑	丁巳 丙辰
庚午	

三秋寒土，專用午宮丁火。早年西方運，困苦；中年後運轉南方，戊午、丁巳、丙辰，步步增勝，貴為參議總長。此造如無午宮丁火，用庚金壬水癸水，即不足取。

註：上造為三秋土寒金洩用火，火愈多格局愈貴，行運喜火，非稼穡格也。

戊辰　戊午
己未　丁巳
己未　丙辰
庚午　乙卯
　　　甲寅
　　　癸丑

此女命，土臨旺未月，見金結局者，不貴即富，又土逢季月見金，終為貴論。此造年月日純土，時逢庚午，火生土旺見庚出干，洩土之秀，福澤之厚，無與倫比，夫榮子貴。

戊戌　庚申
己未　辛酉
戊戌　壬戌
丙辰　癸亥
　　　甲子
　　　乙丑

滿盤皆土，生於六月，不透食傷而透印，即以印為用。然三夏土旺宜洩，見丙火非所需要，故一生僅享蔭庇之福，無所作為。運行庚申、辛酉，優游蔭庇之下，一生惟戌運較活動，至亥運乙亥年，丙火絕地而歿，年僅卅八。

(4) 從革格

庚辛金生於申酉戌或巳丑月，天干比劫透出，不見官殺剋伐，格取從革。

庚辛金生於申酉月，因體質過於自強，故應取食傷化神為用；生於巳戌丑月，取印星為用。從革格成，因五行金主義，故為人大義凜然。

壬辰
己酉
庚申
庚辰

庚戌 辛亥 壬子 癸丑 甲寅 乙卯

庚金生八月，柱無甲乙丙丁，支成金局，為從革格，運程西北為美，東南為忌，火鄉必死。此造壬水出干為用，惜己土並透，有沙水同流之象，略見微疵，運行北方，貴顯必矣。

丁酉
戊申
辛丑
己丑

己酉 庚戌 辛亥 壬子 癸丑 甲寅

此女造，亦從革格，又名「白虎格」。雖丁火出干，然喜得戊土間隔引化，不致破格。以土為用，運行北方水鄉，夫榮子貴，誥封一品。至甲寅運傷用剋夫，家況一落千丈矣，丙辰運己未年歿，壽八十三。

(5) 潤下格

壬癸水生於冬令亥子丑或申辰月，天干比劫透出，不見官殺剋伐格取潤下。

壬癸水生於冬令天氣嚴寒，遇水則凍而不流，遇木則枯而不秀。原局不見火財則以金印為用神，格局類似金白水清。原局如見火星則取食傷為用神，類似水木食傷格。寒木向陽可以生發，不論取印或食傷為用，均忌見官殺破格。潤下成格，因五行屬智，故為人足智多謀。

壬子
壬子
壬申
庚子

癸丑 甲寅 乙卯 丙辰 丁巳 戊午

壬水沖奔，子申又會局，生於仲冬，旺之極矣。四柱無一點火土，潤下格成，運行甲寅乙卯東方，洩旺水之氣，為最得意之時也。

壬辰
辛亥
癸丑
壬子

壬子 癸丑 甲寅 乙卯 丙辰 丁巳

此造亥子丑成方，壬癸並透，亦是潤下成格。早年壬子、癸丑運，享蔭下之福；轉甲寅、乙卯東方運，出宰名區。至卯運末，戊寅年，被狙殞命，蓋後運丙字之氣，為戊寅流年所引起也。

丁卯
壬子
壬申
甲辰

辛亥 庚戌 己酉 戊申 丁未 丙午 乙巳

壬水生仲冬，支全申子辰，合於潤下格局，又丁火被壬水合去，甲與卯皆為凍木，潤下格成。惟原命本氣重，洩水之氣，潤下不純。運行西北金水之地，富甲一方，境遇順適，地位亦高；運至南方，老境頹唐，歿於巳運乙亥年。此命雖見木而不能為用，反宜金水助其旺勢，其為潤下格，富而不貴。

從旺格的行運得失

1.最忌旺神被合、被沖、被剋。行運旺神遇沖剋則破，旺氣不專多主死亡；行運遇他神合去旺神，不論在干在支，輕者淹帶不進，重者格局發生變化，由純粹變混濁，富貴也必因而發生急劇變化。但行運見剋沖旺神或合去旺神，仍需看原局八字構成如何。略為破壞而原局有解救之神，則不畏懼；如行運遇官殺，而原局有沖剋合化之神去此官殺，亦無大患，惟晦吝則免不了。

2.日干氣勢專旺，原局得有力的食傷洩化，這是吐秀。行運遇官殺，得食傷制合，可以防其犯旺；行運遇財星，得食傷通關轉化，可以防止群劫爭財。反之日干專旺，原局不見食傷吐秀，則切忌行財官殺之運，因行官殺運犯旺，行財運群劫爭財，均主凶禍。

3.行運見財星，原局必須有食傷庶比劫分奪之慮；行運見食傷，必須原局有財無印，方免反剋為殃，名利可遂；行運見印星，原局無食傷財，為生助強神，亦主光享。如原局取食傷吐秀為用，行印運剋破食傷，必主凶禍臨身。

4.若原局微帶官殺，格局不純粹，行運遇沖剋合去此微伏的破神，格局轉而純粹，亦可發福。

如原局日干生於非當旺之月，格取印為用，行日干生旺之地，亦主功名小就。但行運一遇官殺沖擊之地，即格局易破，故多主凶禍災患。

原局取食傷洩秀為用則行食傷財運為得，行比劫祿刃亦宜，行官殺運，有食傷制伏，則亦不忌，行印運則壞。

原局取印生旺為用，以行印比劫祿刃為得，行食傷財運為失，行官殺運有印轉化則不為忌。

原局無印，無食傷而見財，行印運為財所傷，行比劫運則群劫爭財。行官殺運謂之「犯旺」，均非所宜，惟有食傷吐秀生財通關為得。

原局印食傷財均不現，日干一行孤獨無輔，行官殺運犯旺，行財運群劫爭財，均為失。行印運助旺，行食傷洩秀，均以為得，行比劫亦非最佳。

六、從勢格

八字構成日干不通根地支，或通根而弱不可扶，而四柱食傷，財官殺競透，在這種情況下，唯有視財、食傷、官殺何者較強，並從較強之勢。如力量均等，官殺與食傷不分強弱，則需行財運以和之，引通食傷之氣。助其財官之勢則喜，行官殺運次之，食傷又次之，行印比劫祿刃運，必凶無疑。

丁巳
癸卯
癸卯
丙辰

癸水無根虛浮，其勢必從。木雖當令，但只有二顆，而火有三顆，故不能從兒，也非從財，而是從勢，即從木火，用火喜木而忌金水。

丙戌
壬辰
癸巳
甲寅

癸水失令，辰戌沖去微根，壬癸無根，局內不見印，其勢必從。四柱中木火土同旺相，而財能通食傷與官殺之氣，故以財為用神。官與食傷為喜神，行火運最佳，木土運亦喜，行金水運大忌。

壬申
壬子
己卯
壬申

此命初看好似從財之格，但細看四柱，財星不夠旺。雖子申半會水局，但其他二支為金木，故作從勢看，格從金水，用水喜金而忌火土，行運不配，無大發展。

壬申
己酉
丙子
戊子

丙火失令無助，從格，但地支雙子，壬水透干，數量超過當令之金，既非從財，亦非從煞，因從殺必須當令，故為從勢之格較為適合。因用金通土水之氣，遂以金為用神而喜土水。

辛卯
甲午
庚寅
丙子

辛金虛浮見丙有剋合之意，金局不見印透乃從勢，火當令而地支只見一顆，木雖失令而有三顆，故非從煞，亦非從財，為從勢，喜木火，忌土金。

戊午
戊午
甲午
甲戌

甲木虛浮無根而從勢，傷官旺多又當令，故大貴。

此命亦可作從兒看，但因土旺於火，故作從勢較為妥當。喜火土，忌金水。

辛巳
甲午
甲午
己巳

甲木無根虛浮，辛金剋之，日主孤立，其勢必從，如從兒火不透干，以財則財不當令，從勢較為妥當，用火喜金土。

五合化氣格

五合化氣格是日干與月干或時干成為天干五合而逢化神當旺之月令，即變為化氣格。但日干必須極弱，即不見印比之根。

一、甲己化土

1.必須生在辰戌丑未的月令，地支土在二位以上，干透戊或己，或地支土旺而不透戊或己亦可。
2.四柱不見木星來剋破（如木虛浮無根或有制合可作假化）。
3.時支非水木，喜土之生旺之地，臨土之絕地不化。
4.行運用土喜火，忌木鄉，次忌水地。
歲運逢庚辛，因為能剋甲木，使化神一字還原而凶，恐有牢獄破產、色危、四肢傷厄之災，歲運逢乙年凶較輕。

戊辰
壬戌　甲己合於戌月，地支三土，時支是火與土，不違逆，天干又透戊
甲辰　土原神，四柱不見木星，為真化格。
己巳

辛巳　甲午　甲午　己巳

甲己合於午月，不得月令之氣，故不作從化格看，而作從勢看。

乙丑　丙戌　己酉　甲戌

甲己合於戌月，地支三土，時支與土不逆，但土不透干，乙木雖透破格，惟因其無根，且有丙火透出，洩木生土，可作化格看。

化土真格

丁未　甲辰　己酉　戊辰

戊申　丙辰　己巳　甲戌

乙亥　己卯　己巳　甲子

甲己合於卯月，失時不作化氣看。

二、乙庚化金

1.必須生在巳酉丑申的月令，地支金星在二個以上，且天干透庚辛，或地支金旺雖不透出，可作化格看。

2.四柱不見火星來剋。

3.時支非木火，喜金生旺之地，臨金之絕地不化。

4.行運用金作用神，金土均喜，木火為忌。

歲運逢丙丁，因為剋制庚金，化神受損，恐有火災及與人爭鬥招惹災禍犯官事，又辛剋乙亦凶。

庚子
己丑　乙庚合於丑月合化之意，但地支無金，故不能作化格看。
乙巳　作正格看，喜火為用。
庚辰

三、丙辛化水

1.必須生在申子辰亥月，地支水星在二個以上，且天干透出壬癸。但如地支水旺，不透亦可成格。

2. 四柱不見乾土來剋破。
3. 時支非土，喜金水之地。
4. 行運以水作用神，用水喜金，大忌土運，火亦凶。歲運逢壬癸因剋丙火，化神一字還原，凶。防精神、色情、水厄等災，歲運遇丁剋辛亦凶。

壬子
癸丑
辛亥
丙申

丙辛合生於丑月，但地支水旺成方，且透壬癸，作化格看，丁巳運後即凶。

癸丑
丙辰
辛亥
戊子

丙辛合而生於辰月，地支水旺成方且癸透天干，因戊無根且戊癸合，故可作假化，且行運得宜，戊運凶。

壬辰
辛亥
辛亥
丙申

清太宗命，丙辛化水，生於十月，水旺秉令，支聚申亥，更得辰字，壬水元神出干，辛金生助為用，格局純粹，不能動搖。雖運行東方洩氣之地，而東征西討，所向有功，卒開清室三百年之基。

四、丁壬化木

1. 必須生在亥卯未寅月，地支木星在二位以上，天干透甲乙。
2. 四柱不見金來剋破。
3. 時支不見金及木之死絕地。
4. 用神為木，行運用木喜水，大忌金鄉，土亦忌。

逢戊己歲運剋壬水，化神一字還原，要防大破財家亡，不然色情風波道路之災，癸歲運制丁亦凶。

乙卯
丁亥
壬寅
甲辰

壬丁合於亥月，甲乙透干，地支木方，真化木格。申酉運有災，癸未壬午大順。

庚辰
戊寅
丁未
壬寅

丁壬合生於寅月，地支二寅，辰未內合均含木。雖木不透亦可作化，但庚金出干有戊辰生，而不見制合，故不能作化格看。

壬申
壬寅
壬午
丁未

丁壬合生於寅月，但地支只有一木天干又不透木，且地支見金剋木，故不作從化看，以正格論。

丁巳
丁未
壬寅
壬寅

此女命生於大暑後，兩丁兩壬，各自相合。月令未為木庫，丁壬化木失時，喜逢日時兩寅，格成假化。運行北方二十年水旺之運，居積致富。

五、戊癸化火

1. 必須生在寅午戌巳月，地支火星二位以上，天干透出丙丁。
2. 四柱不見木來剋破。
3. 時支不能見水及火之死絕地。
4. 以火作用神，行運用火喜木，大忌水鄉及金。

歲運逢甲乙剋戊土，使化神一字還原，宜防有酒色、交通事故、流血病至之災，己剋癸亦凶。

丙戌
戊戌
癸巳 癸戊合生於戌月，地支一火，但寅戌半會又火透干，無水剋，故
甲寅 可化。

丙戌
癸巳 戊土日元合月上之癸而生四月，火神秉令，支聚午戌，干透丙丁
戊午 元神，生助火旺，化格無礙。
丁巳

入化格之條件

1. 日主必須無強根（即比劫印綬在地支）。
2. 日干與月干或時干，正好成為天干五合之一。
3. 月令必須是化神當令之月及三合成化神之月（如壬丁化木則在寅月或亥卯未月）。
4. 化神在局中要旺，不能見剋化神之字。
5. 化神之原神最好能透出，如丁壬化木要透甲乙。
6. 凡月干與時干同字成爭合妒合，或日干與年干成爭合妒合，因合不專純，

故需作正格論命。

化氣格行運

1. 化字一字還原，則災、霉、官刑、破產、敗業、色禍自會顯應。
2. 遇助化之運，有貴人相助。
3. 化神不真者，其富貴必不長久。若逢破化及還原之運，則遭大破敗，一落千丈，面目全非，嚴重者人亡。
4. 化神旺而有餘，其喜行洩化神之運，否則不喜行食傷運。

化氣格轉敗為成解釋

化氣格因遭剋而破局或爭妒而破局，若在原局中得到適當的剋合或合化而能解除剋破的情況，都可以由敗轉成。

例如：

丁丑
辛亥
丙午
辛卯

丙辛合逢亥月，地支亥月丑夾子半會水方，有成化之條件。但月時均為辛，成妒合不能化，幸年干透出丁制辛，使月干辛不起妒合作用，此即因敗得成。仍以丙辛化水論，化神不旺，以金水為喜。

壬寅
丁未
壬子
丁未

日時壬丁合而生於未月，合化的條件年支見寅未中有木，子水生木，可作化木格看。但月干又透丁，成妒合破格，幸而年干又見壬而成雙合，轉敗為成，以壬丁化木論，以水木為喜。

甲子
戊辰
丙申
辛卯

丙辛合而生於辰月，地支申子辰水局，合化水之條件，可作丙辛化水格看。但戊土透出月干制水而破格，幸年干又透甲木制戊，將忌神剋去而轉敗為成，喜水忌火土。

辛酉
丙申
乙丑
庚辰

乙庚合於申月，地支酉丑半會金局合化條件，但丙火出干制金而破格，幸年干透辛，丙辛合化水，與化金格不違逆，故轉敗為成。

化氣格真正純粹者極少，真化之人多出身富貴，即使運不相助，亦有一定的地位與財富。如行運得助，則可更富貴。

一般化格不純粹者較多，謂之「假化」。假化之人，出身微寒，六親無力，但若得運助即可變假成真，白手成家而大富大貴。惟若脫運逢逆，即一落千丈。

真化格中有轉敗為成者，仍不失為真化。

假化者乃原局具備部分從化之條件，但尚有部分還未符合合化的要求，而要行運來助其符合合化的條件，即以行運來變假成真，故假化必原局不純粹，要待運來促成之。

假化格之七種情況

1. 能合化但日主帶苗根（印劫）者

如甲己合而生於辰戌丑未月令能化土，但甲日干地支見寅或卯，天干見壬或癸，及甲或乙，則日主並未弱極，難以隨便取捨，且剋制化神而原局又無轉敗為成的條件，形成既化又不化的情況，這樣只要日支與時支不違逆化神，即可作假化論，而行運能剋去合去，沖去或合化而不逆化神，使假化變為真化，即能發福，甲己合而化土，甲木不能有根苗而己屬土，則不忌印劫。

甲寅
丁丑
甲戌
己巳

甲木生於丑月，己土通根臨旺，甲己合而見丁火生土，有化合之條件。但年柱甲寅比祿破格，甲木生丁火，丁火生化合之土，格成假化，運至庚辰而發。

2.合神真而化神日主孤弱者

如庚日干見乙庚合而生於巳酉丑申月令可化金，但其他干支不再見金土，則雖能合化，然化神弱極，且化格亦不純粹，必須運行土金幫助化神而變假為真。

3.合神不真而日主無根者

如丙日干合辛金而不生於申子辰亥月，又丙日干四柱不見印劫，則日干弱極。由於化神未得月令旺氣，化神不真，日主又不得不為假化，必要行運金水助化神而發。

4.日主無根而化神不足者

甲日干合己土而生於辰戌丑未月，又四柱不見比劫，且四柱中土亦不旺，則必是金水旺而洩化神。化神較弱，必須運行火土之地，生助化神而得發福。反之己日干無根，即化神無根，不可言化。

5.合化雖真而有閒神來傷化神者

如戊癸合而生於寅午戌巳月令，癸日干地支無根而火星得時乘旺，原可按真化火論，但天干透出壬癸制化神，原局又無戊己以制壬癸，化格剋破乃為假化。待運行戊己制去壬癸或丁運合壬，戊運合癸，變假為真。

6. 化神不足而日主無氣者

如壬日干合丁而生於亥卯未寅月，四柱不見比劫，但地支化神又不旺，則天干雖透甲乙亦難助旺神，此為化神不足。

日主無氣必待行運水木之地以助化神，變假為真。

若丁日干日主無氣無礙於化，則壬日干因水能生木不忌。

7. 合化而調候不及者

如乙庚合而生於丑月化金，寒土不能生金，冬金寒冷而水旺洩金，化神不足，必須行帶火之土運（戊戌、己未），則火能解凍而土暖金生，亦變假為真。

假化格因八字結構極易破損，大多兄弟無緣或過繼於叔伯宗親，或兄弟多為他人養子，早年大都窮困孤苦而不得志。然其人一遇假行真運則飛黃騰達，名利雙收，但時過境遷，往往會回復至原來的地位。

兩神成象

兩神成象即八字中只有兩種五行且力量均等，又其必須各佔二干二支，如：

相生——金水各半，不見火土混雜，方可入格。
木火各半，不見金水混雜，方可入格。
土金各半，不見木火混雜，方可入格。
火土各半，不見水木混雜，方可入格。
水木各半，不見土金混雜，方可入格。

相剋——金木各半，不見火混，方可入格。
木土各半，不見金混，方可入格。
土水各半，不見木混，方可入格。
水火各半，不見土混，方可入格。
火金各半，不見水混，方可入格。

只有二神清澈方可取，若有一字不均停，即偏而不入格，便應以其他格局推之。入格者行運忌見混雜之物，逢忌運則免職、破財、訟累，或少年剋父母，老年剋妻，家庭動盪不安，重者死亡。

行運喜行八字中之二神——日主較旺則另一神為用神。日主較弱則取日主為用神以生扶日主者為喜神，以達中庸平衡之道。

相生之局：

1. 生我之局——日干得令，印星失令，類似從旺極斷。日干失令，印星得令，類似母子同心格，喜印比運。官殺有印轉化無大患，財星犯旺，大忌，食傷與印相沖剋亦忌。
2. 我生之局——不論日干強弱均以食傷為用，喜財星流通，忌官殺犯旺及印星破食傷。

相剋之局：

1. 不論剋我或我剋，最喜通關之神。我剋喜食傷，剋我則喜印。
2. 我剋之局喜食傷通關，忌見印星制食傷，官殺剋日主破局。財旺於日主，不忌比劫；財弱於日主，忌比劫。
3. 剋我之局喜印洩官殺生身，見比亦可，忌財來破印，食傷來制官殺亦凶。

戊 辛 戊 辛
戌 酉 戌 酉

二土二金，各佔二干二支成格，兩神成象。金雖旺，土亦旺，以食傷為用，辛金洩秀，財運為喜，早年北方水運財地為佳，甲乙官殺，有辛金回剋無妨，丙寅運印破食傷。

丁 乙 丁 乙
卯 巳 卯 巳

木火各佔二干二支，兩神成象，格似從旺，以印為用，喜木火。初行東方木地為佳，官殺有印轉化無大患，惟辛丑財來則破印而亡。

壬 丙 壬 丙
子 午 子 午

水火各佔二干二支，火當令，水失時，財旺於日主，以刃為用。幼年財運不利，孤苦不堪，惟申運後則一路金水幫身，發財巨富，至甲寅亡。

癸亥
己未
癸亥
己未

水土各佔二干二支，剋我之局，殺強身弱，以食傷制殺為用，比劫亦可。初運火土並旺剋身，千辛萬苦，交乙運後，制殺成功，卅年佳運。

魁罡格

戊戌
壬辰
庚戌
庚辰

魁罡格只有四日：

1. 凡日柱為上述四柱之一者即為魁罡格。
2. 若日柱為月支或時支相沖則魁罡格破，即非魁罡格。
3. 日柱為庚辰或庚戌，天干則不能透火，透則破格。
日柱為壬辰，天干亦不能見火。
日柱為戊戌，天干不能透水。
4. 魁罡格不破者，必生於富貴之家（需幼運兼好者方驗），且本身也終生富裕。
魁罡格犯破者，學問難有大成，男貧寒，女易離婚，亦可能淪入風塵。

5. 魁罡格無破，必大富大貴，且有領導才能及權威，智高且有決斷力，文學通博。惟性格強烈不屈，且暗含暴戾之性，好攻擊，有潔癖。

6. 魁罡格日支逢運歲沖破，必有大災，魁罡最忌沖破。

7. 魁罡格宜身旺，如四柱逢強印及比劫，則文章振發，發福百般。行運按正格論，以均衡配合最佳。

8. 女命不宜日柱魁罡，大多剋夫，心性過度剛強，易離婚，否則必常苦於病災。

書云：「魁罡四日人俊秀，運行身旺作文臣，男命破格貧寒士，女命墮風塵。」

己未	己巳 戊辰
庚午	丁卯 丙寅
庚戌	乙丑 甲子
壬午	癸亥

庚戌日主而干不透火，有印比幫身，真魁罡格，身不弱，以全局觀之，時上壬水得比劫生扶調候，幼年行身旺運，出身富貴，辰運沖戌，魁罡格破而大災，丁運有壬合無患，丙運火旺有災，乙丑後富壽貴顯。

辛巳
庚寅
庚戌
丙戌

庚戌魁罡日柱，時柱透出丙火破格。幼年己丑戊尚可走，至丁亥丙戌，官殺交加，僧命貧破。

辛卯
庚寅
戊戌
乙卯

戊戌日柱魁罡，天干無水，成魁罡格。按正格論，日主弱而官旺極，食傷制官無力，剋洩交加，以官殺財星為忌，幫身為佳，亥子財運不佳。

宋子文造：

甲午
乙亥
庚辰
己卯

1	11	21	31	41	51
丙子	丁丑	戊寅	己卯	庚辰	辛巳

此命日主庚辰魁罡，不旺自旺，能任才官。亥宮壬水當旺，得亥卯會局，食神之氣盡於財，不損官星。亥午之中，丁壬作合，暗助財旺。乙木得祿於卯，乙庚相合，財星就我，而財暗生官。戊寅、己卯財旺鼎盛，庚運財露見比。

戊戌
辛酉
戊戌
丙辰

2 壬戌　12 癸亥　22 甲子　32 乙丑　42 丙寅　52 丁卯

戊戌魁罡重見，土厚而重，但秋月土寒金洩，無丙曬癸滋，萬物不得暢茂，且以火土為重也。可惜妻宮辰戌逢沖，魁罡破格，雖原命丙火高透，運行財地，但終有不足也。

乙亥
己卯
庚辰
丁丑

4 戊寅　14 丁丑　24 丙子　34 乙亥　44 甲戌　54 癸酉

魁罡日元，不旺自旺，雖生於二月胎養之地，而財旺生官，才星旺極，何以能再行財地而起，實賴魁罡不旺之旺所也。

戊戌
癸亥
庚戌
庚辰

女命三柱魁罡，旺極矣，用水明矣。可惜戌辰逢沖，命雖好，仍不免落江湖。

辛丑　辛丑
庚子　庚寅
庚辰　庚辰
庚辰　丁亥

女命魁罡，風塵女子。

金神格

金神格分真與假二種。

真金神格

1. 日柱為乙丑、己巳、癸酉，而月支有火星者。
2. 時柱為乙丑、己巳、癸酉，而日干為甲或己，月有火星者。

假金神格

條件同上而原局無火者。

1. 若原命金神而月支逢火或四柱火多，為真金神格。得此者富貴罕見，福壽無疆，乃蓋世聞名之大貴造。
2. 性剛毅，有明敏之賢才，有不變節、不屈服之堅毅剛志。雖有統治之權威，但易受人憎厭嫉忌，多面受敵。
3. 金神格原命火愈多愈貴。

4.行運喜火忌水。

5.時柱金神者，不一定用火，需視四柱配合而論。

6.假金神格，若四柱不見火或有火而被剋合，則為平常人物，必須待運配合，或可發達一時。如無運配合，原局亦配合不佳，則終難顯富貴。

明成祖命造：

庚子
辛巳
癸酉
辛酉

壬午 癸未 甲申 乙酉 丙戌 丁亥

此命金神日主而月令逢火，運至丙戌丁，以藩封登帝位。

徐世昌命造：

乙卯
丙戌
癸酉
丙辰

乙酉 甲申 癸未 壬午 辛巳 庚辰 己卯 戊寅

癸酉日主生於九月而兩透丙火，格成金神。癸未運，科甲聯登；壬午運，因丁艱而參戎幕，開後來北洋之局；辛巳庚運，由鄉貳出任總督，進至協揆；辰巳，眾望所歸，進位白宮，戊午就任，壬戌卸職。寅運金臨絕地，己卯年歲君犯日，逝世，壽八十五。

時	日	月	年
辛未	己巳	庚戌	丁亥

78	68	58	48	38	28	18	8
壬寅	癸卯	甲辰	乙巳	丙午	丁未	戊申	己酉

己巳日主生於九月而命中火旺，格成金神，且中年運走南方，遂成大業。可惜晚年運走東方而天干又透水，不免退守台灣。

許世英命造：

時	日	月	年
辛巳	乙丑	辛酉	癸酉

甲寅	乙卯	丙辰	丁巳	戊午	己未	庚申

乙丑日主而格局火弱，所得力者為巳宮丙火得祿，還幸運走南方，故成貴格。可惜原局火小，所以每受制於人而不能制人。雖地位至省長閣揆，然虛有其名，福祿俱嫌不足。

時	日	月	年
癸未	乙丑	辛酉	癸卯

四柱無丙，為尋常之格，尤嫌卯酉一沖，乙祿破盡。丑未一沖身庫亦破，未中一點丁火，亦被傷剋。雖行食傷火運制殺，亦無補原命之損傷。

乙未
己卯
己巳
乙亥

己巳日元生於二月，不值火旺之時，全賴日支妻宮巳火，無如巳亥一沖，火必受傷。早年寅運，合亥解沖，去病最吉。丙丁運化殺，享蔭下福；交進亥運，沖動巳宮丙火，福無重至，禍不單行，辛巳歲運不和。

三奇貴格（一）

天上三奇甲戊庚（必須甲日戊月庚年）。
地下三奇乙丙丁（必須乙日丙月丁年，或地支卯巳年）。
人中三奇壬癸辛（必須壬日癸月辛年）。

1. 由上述情況可知三奇之形式，但有形式並不一定入格，即不一定富貴。
2. 有上述三奇格之形式，而四柱配合均勻，有運相助者，方成富貴。

庚午
戊寅
甲午
癸酉

甲日戊月庚年，有天上三奇格之形式。此命財殺旺而日主弱，地支寅午半會火局洩木之氣以生才，才旺助殺，金憑印劫扶身。幼青年行北方水地，出身富貴，但本身並不富貴。

三奇貴格（二）

凡財官印明露天干名為「外三奇」。

凡財官印暗藏地支名為「內三奇」。

三奇並非必貴，要看全局是否有損傷，以何者為用神。

如無損傷而財官印身俱有根氣，便為奇貴；有損傷就逐類斷其禍福。

如財星被劫，歲運再逢比劫，此年損財傷妻。

如官星明暗有傷，歲運再逢，則此年剝官退職。

如印星有損，則破耗損及祖基父母。

胞胎格

胞胎格為甲申、庚寅兩日，而癸巳、丁亥亦可附入，為五行臨於絕處。而坐下印綬長生，名為「絕處逢生」，然生機甚微，非有印透，不能為用。忌見財破印，與印綬格同論。

戊子
癸亥
庚寅
戊寅

庚金臨寅絕地，戊土長生於寅，透出時干，庚金受氣，月垣之傷官生才，方能任之。否則，身弱食財兩旺，當為富屋貧人，何能為大實業家乎？

日祿歸時格

《明通賦》云：「日祿歸時沒官星，號青雲得路」，即時歸日祿，平生不喜官星。

日祿即日主比劫也，因其用在劫，當以不喜見官星來剋制比劫為佳。

又日祿歸時格必然月令為財旺，如月令為官為傷，均喜印綬制化，並以滋身。比劫雖能幫身，但不及印綬一得三用也。

癸酉
癸亥
戊子
丁巳

月垣財旺而透，日支坐財，年支酉金亦生才，日元所恃，僅時支巳祿運行比劫之鄉，頓成鉅富，印運雖佳，癸財回剋，不免剝雜多事矣。

壬辰
壬子
丙申
癸巳

八字雖恃時祿幫身，仍需印星通關，以行印地為最美。比劫運雖可幫身殺敵，但不免官殺回剋。水火相爭，少調和之用，故歸時見祿遇官殺損祿，為破格也。

六乙鼠貴格

《喜忌篇》云：「陰木獨遇子時，為六乙鼠之貴地。」

乙木以子為天乙貴人，乙木子時適逢丙子，印與食傷不相礙，身旺以丙火洩秀為用，冬令以丙火調候為用，怕子午之沖，事實上亦是普通格局。

丁巳
壬寅
乙卯
丙子

正月乙木本旺，子印潤其根，丙火洩其秀，運行食神生旺之方，焉得不貴？

拱祿、拱貴

《喜忌篇》云：「拱祿拱貴填入則凶。」

拱祿拱貴所言之「祿」為日干之臨官祿，而「貴」則為日干之天乙貴人。

拱祿拱貴必要天干相同而地支夾拱，方可合此格。

拱祿有五日時——

拱子祿：	拱午祿：	拱巳祿：
癸亥	己巳	
癸丑	己未	戊午
癸丑	丁未	戊辰
癸亥	丁巳	

拱貴有五日時——

拱官貴申：	拱丑天乙：	拱未天乙：	拱寅天乙：	拱酉官（非天乙）：
乙酉	甲子	戊午	辛卯	甲戌
乙未	甲寅	戊申	辛丑	甲申

拱祿、拱貴之格局要以全局論之，要有用神可取，另有力增其美，否則亦無用。

例：袁世凱八字

己未
（申）
癸酉
丁巳
（午）
丁未

八月丁火為弱，巳酉半會金局生殺，年透食神制殺，殺旺食制而身旺，以劫印為用。食神制殺而夾祿夾財，夾祿身暗強，夾財殺更盛，勢均力敵，上格也。

財官雙美格

《繼善篇》云：「六壬生臨午位號曰『祿馬同鄉』，癸日坐向巳宮乃財官雙美。」

壬水以丁火為正財，以己土為正官，丁己得祿於午。

癸水以戊土為官，丙火為財，丙戊同祿於巳。

以壬午，癸巳日，日主自坐財官為美，喜生於秋冬，以身旺而用財官，忌生於春令，因木旺而剋土，傷官見官，生於冬秋，身旺而用財官，必富貴。

財官雙美只是看命的一種方式，尚需視四柱配合的情況來論斷，不能一見壬午或癸巳日，就論為貴命。

己卯
乙亥
壬午
庚子

甲戌 癸酉 壬申 辛未 庚午 己巳

壬水生於亥月而庚子時身旺矣，午中己土官星透出年上，但為木所制，地支亥卯又半合木局，制土更甚，故不能以官星為用，身旺故以傷官生財為用，傷官亦不弱，以財星生發為佳，走南方火運而發。

日貴格

日貴格有四天：

癸卯
癸巳
丁亥
丁酉

因坐下為天乙貴人，故此人不能論為格，需視全局之配合。

又說日貴主為人純粹，有仁德、有姿色、不傲物。

以下格局自飛天祿馬格以後，為古時錯誤之格局，因古代論命時不見「財官」則不貴，但現實情況卻是很多八字雖沒有財官，亦能顯貴。在無法解釋之下，於是便產生以下格局，務求以局中的財官沖出、合出、刑出，來解釋雖無明顯的財官，但亦已暗用財官。

飛天祿馬格

飛天祿馬格有四：

癸亥
辛亥
壬子
庚子

生於十、十一月冬水純陰，柱無財官方用。

又年月時支與日支相同（至少有三支相同）方能併沖，即子午沖出午，亥沖出巳，忌官星顯露，即破格。另地支不見合神合住，如子見丑，亥見寅，亦不能沖出。子沖出午，喜地支見未、寅、戌三字中一字能合住午。

如用沖出官則喜行財運，沖出者為財，喜食傷運，如運遇填實則凶。

壬子
壬子
壬子
甲辰

王守仁造：

壬辰
辛亥
癸亥
癸亥

曹錕造：

壬戌
壬子
庚子
丙子

子午沖，戌暗會午，運行南方，領袖北洋，貴為總統。

倒沖祿馬格

倒沖祿馬格有二日：

丁巳
丙午

用法與飛天祿馬一樣。

午多沖子，柱中見未，絆住不沖。

巳多沖亥，柱中見申，不能沖。

沖出官，運喜食傷，填實則凶。

以上二格不可拘泥為用。如八字無用神可取時以用之，為用虛神；若按一般有用神或格局者，則按用神取之較為妥善。

己巳
庚午
丙午
甲午

若按祿馬格推之，則子運填實必凶。此造午中原神己土透出，庚金通根於巳，為火土傷官生財格，行北運大發。然若按飛天倒沖祿馬格，則忌北方運。

井欄叉格

此格以庚申、庚子、庚辰三日為主，而地支三合水局，天干透出三庚，用申子辰暗沖寅午戌為財官印，生於冬，柱中無丙丁寅午戌為入格為貴。

實質上，這是一種三會食傷格，生於秋月，金旺水強，不見火土混雜，可以論為金白水清或兩神成象。

生於冬月水旺於金，可以作從兒格論。

生於辰月而透壬癸則以一般食傷格論。

不論金白水清、二神相生，或從兒、食傷格，均喜見財星生發，而不喜官殺。

至於原局見官星在天干，嚴格來說，已非井欄叉格。

日干強可以官星調候為用，也可發貴。

唯獨日干弱，食傷與官殺並見，不勝剋洩，反喜印星洩官殺生身並制食傷。故井欄叉還是以一般情況來論用神為宜，若用神着落無破就可以言貴。

庚子　　庚日全逢潤下，為井欄叉格。以全局論之，庚申日元專祿，生於
庚辰　　酉時，祿刃雙顯，加以天干三朋，支全水局，金水成象，連珠生木，
庚申　　春木向榮，乙來合我，尤為合宜。金水雙清，秀氣非凡，勤敏練達，
乙酉　　有足稱也。

子遙巳、丑遙巳格

甲子日再逢子時，畏庚辛申酉丑午，為子遙巳格。

辛癸日多逢丑地支，不喜官星，為丑遙巳格（此二格皆以巳中財官為用，亦為用虛神）。

實子丑遙巳之格，皆嫌印星太重。甲以子水為印，辛以丑土為印，癸以丑中辛金為印，凡滿盤印綬之局，看法有二：一、原局財輕有根，以財破印；二、原局無財，為母慈滅子。二者皆忌見官殺，用財官殺洩財生殺印，無財忌官殺助母滅子。

己亥
乙亥
甲子
甲子

子合巳，亥沖巳也，冬水秉令，水旺木浮，己土為乙木所制，不足以止水，只能順其氣勢。

丙寅
壬辰
甲子
甲子

子合巳，寅刑巳，辰巳亦同為巽宮。三月戊土秉令，寅中戊土長生，丙火為助，印雖旺，但土足以制之，乃君賴臣生之理也。

刑合得祿及專食合祿格

古人因八字內不見官星，而另有以地支刑合而求之或干支食神暗合而求之。

刑合得祿格：癸亥、癸卯、癸酉三日見甲寅時，以寅刑巳中的戊土為官星。

專食合祿格：戊子、戊辰、戊申三日時上見庚申時，以庚申暗合乙卯為官星。

事實上，這可用一般普通或特殊格局來看，不必拘泥於此種格局。

刑合格以癸日暗合戊土，戊祿於巳，而時逢甲寅，以寅刑巳以成格。似與遙巳相同，以虛神為用，其實皆假名而已，因遙巳為財印相成，刑合為傷官洩秀。

乙未	癸未	癸亥	甲寅	從兒格
丁亥	癸卯	癸卯	甲寅	

專食合祿格以戊日庚申時暗合乙卯為戊土之官星，其實用在時上之食神，且戊土必須臨旺，運行財地為美。

庚辰	戊子	戊子	庚申	順局從金水。

甲辰
丙寅　不但不忌丙寅，甲亦不忌，蓋有丙火化煞也，且天干順食，宜乎
戊戌　富貴並全。
庚申

六辛朝陽格

《喜忌篇》云：「六辛日時逢戊子，運起西方。」

此以辛日戊子時生於金土旺月，無火之地，忌午丑沖合，丙巳官填實。喜行比劫祿刃食傷財運。

此格仍可照一般格局來看，不必另立。

其實六辛朝陽格，用在時上子水食神，日元臨旺，月令建祿或印綬秉令，無可取用，身旺喜洩，而恰得時上子水，洩其秀氣，故以成格。

戊辰
辛酉　日干強無官星剋之而用子水洩之，大運癸亥，甲子，乙丑一片水
辛酉　木，貴為知縣。
戊子

戊子
己未
辛亥
戊子

辛金生臨季土，土燥而有水潤之，但土多金埋，又宜木制之，運走水木之地發貴。

乙丑
庚辰
辛酉
戊子

辛金生臨辰月，支坐酉金而比劫透，身旺為取子水洩日元為用，大運東北水木之地而貴。

六甲趨乾及六壬趨艮

六甲趨乾：乾為亥。

六壬趨艮：艮為寅。

六甲趨乾乃六甲日見亥時，因亥能合寅之祿地（印旺）。

六壬趨艮乃六壬日見寅時，因寅能合亥之祿地（食傷旺）。

此二格均毫無意義，故需以生剋制化來論為確切。

十靈日、陰差陽錯日、文昌日

此外尚有十靈日、陰差陽錯日、文昌日、八字純陰、八字純陽等，皆為古代之謬誤，實無意思，所以還是要依照一般論命的方法來推斷。

神煞

古代看命最重神煞，且古時算命以年柱為主，故神煞多由年柱以起。自宋代以後，算命雖以日干為主，但神煞很多時仍是以年柱而起，只有小部分由日干推出。但古代神煞多如牛毛，有不少自相矛盾之處，故只宜取近代常用的，又神煞只宜作看命的扶助，看命始終要以五行陰陽為主。

吉星

一、天乙貴人

甲戊庚牛羊，乙己鼠猴鄉，丙丁豬雞位，壬癸兔蛇藏，六辛逢馬虎，此是貴人方。

甲戊庚見未為陽貴，即天乙貴人，見丑為陰貴，即玉堂貴人。

貴人表——遇之能得貴人扶助。

日干——甲乙丙丁戊己庚辛壬癸

陰貴——丑子亥酉丑申未午巳卯

陽貴——未申酉亥未子丑寅卯巳

但以上陰貴陽貴眾說紛紜，所以不需理會陰貴陽貴，有貴人就是了。最重要是何者帶貴人。如印帶貴人就能得長輩上司之助；食傷帶貴人則能得思想與晚輩之助；財帶貴人者錢財不缺；官殺帶貴人易有升遷機會，比劫帶貴人則能得朋友之助，最利者當然是自身帶貴人。

二、天德貴人

遇之逢凶化吉，一生災少。

正丁二坤中，三壬四辛同，五乾六甲上，七癸八艮逢。九丙十居乙，子巽丑庚中。

月支——寅卯辰巳午未申酉戌亥子丑

丁申壬辛亥甲癸寅丙乙巳庚

天德貴人從三合會局而來，如寅午戌會火局，寅為火之長生；貴人在丁，取其陰陽調和；午為火之陽刃，過剛則折，故以火之絕地為天德；戌為火之庫暮，為將衰之氣，故以陽火丙為天德，其他餘此類推。

三、月德貴人

與天德同，只是其力量較弱而已。

月支——寅午戌——丙
亥卯未——甲
申子辰——壬
巳酉丑——庚

二德者，天德為重，月德次之。命帶天月二德者，為人心慈，謹慎誠懼，待人誠厚，故凶險之事自少，皆能逢凶化吉也。

四、將星

年支——寅午戌　亥卯未　申子辰　巳酉丑

古歌云：「將星文武兩相宜，祿重權高足可知。」其實將星只會加強該星的力量，故會吉則吉，會凶則凶，不可以純以吉星論。

五、文昌

甲乙巳午報君知，丙戊申宮丁己雞，庚豬辛鼠壬逢虎，癸人見兔入雲梯。

日干	甲	乙	丙	丁	戊	己	庚	辛	壬	癸
	巳	午	申	酉	申	酉	亥	子	寅	卯

其實文昌即是日元之食神，至於丙丁見申酉之所以為文昌，實因丙丁見戊己雖然也是食神，但火土食神難言秀氣，故用申酉取而代之，但這其實並不合理。又古代以食神為吉、傷官為凶，故以食神為文昌，但其實不論食傷，只要命中為喜而有力則聰明秀氣，為忌則雖有食傷，亦無所用。

六、德秀

月令	申子辰	亥卯未	巳酉丑	寅午戌	
德	戊己	甲乙	庚申	丙丁	壬癸
秀	甲己	丁壬	乙庚	戊癸	丙辛

聰明無非德秀。凡人命中得此德秀，無破沖剋壓者，皆賦性聰明，溫厚和氣。若遇學堂，更帶財宮主貴，惟沖剋減力。

七、十靈日

日干——甲辰　乙亥　丙辰　丁酉　戊午　庚戌　庚寅　辛亥　壬寅　癸未

得此者聰明秀氣。

八、六秀日

戊子，丙子，此二日生人其人秀氣。

除「文昌」、「德秀」、「十靈日」、「六秀日」等，其他還有「學堂」、「詞館」、「文星」等多不勝數。但其實斷一個人聰明與否，不能單看一個字，其最主要者為食神或傷官透出而有力又不混雜。再加上其為用神，其人必聰明。其次，如果格局清純，人亦多秀氣，故以上神煞只供參考。事實上，如其在命中顯現亦不要太開心，因即使不見亦無所謂。如十靈日，六十甲子便有十個，可以聰明得到哪裏？這只是六分之一的機會，但總不可能每六個人之中，便有一個靈童吧！如再加之其他德秀、文昌、六秀等，則可能每兩個人當中，便有一個是聰明人了。

九、華蓋

年支	寅午戌	亥卯未	申子辰	巳酉丑
	戌	未	辰	丑

華蓋為孤獨之星，亦為藝術之星。

十、驛馬

年支	寅午戌	亥卯未	申子辰	巳酉丑
	申	巳	寅	亥

人逢吉神為馬，大則喬遷之喜，小則順動之利；凶神為馬，大則奔蹶為患，小則馳逐之勞。逢沖譬之加鞭，遇合則等於制足，行運流年亦然。

命帶驛馬，一生常動，易有移民之機會，大運逢驛馬，則十年常動或外走他鄉，流年逢驛馬，就容易轉工、搬屋或走動較多。

十一、桃花神煞

紅鸞——天喜桃花

卯起紅鸞逆數通，要知天喜是對宮。

年支	子	丑	寅	卯	辰	巳	午	未	申	酉	戌	亥
紅鸞	卯	寅	丑	子	亥	戌	酉	申	未	午	巳	辰
天喜	酉	申	未	午	巳	辰	卯	寅	丑	子	亥	戌

沐浴桃花

日干	甲	乙	丙	丁	戊	己	庚	辛	壬	癸
	子	巳	卯	申	卯	申	午	亥	酉	寅

咸池桃花

年支	申子辰	亥卯未	寅午戌	巳酉丑
	酉	子	卯	午

紅艷桃花

多情多欲少人知，六丙見寅辛見雞，癸臨申上丁見未，眉開眼笑樂嬉嬉，甲乙午申庚見戌，世間只是眾人妻，戊己怕辰壬怕子，祿馬相逢作路妓，任是富豪官宦女，花前月下亦偷情。

日干——甲乙丙丁戊己庚辛壬癸
　　　　午申寅未辰辰戌酉子申

其實紅艷桃花只是桃花的一種，與天喜、紅鸞、沐浴比較，其力較輕，所以遇上的感情，不一定能發展下去。

遍野桃花

地支——子午卯酉多

倒插桃花

亥月卯日未時年支見子
巳月酉日丑時年支見午

寅月午日戌時年支見卯

申月子日辰時年支見酉

即咸池桃花，只是用月、日、時看回年支。

桃花煞

月支——	寅卯辰	巳午未	申酉戌	亥子丑
日支——	巳酉丑	申子辰	亥卯未	寅午戌
時支見——	寅	巳	申	亥

除以上種種桃花外，尚有其他很多林林種種的桃花。如要一一計入，則可能每個人、每年，或每月都會遇到桃花。其實我常用者以紅鸞、沐浴為最重，天喜次之，紅艷又次之，而咸池桃花多為霧水情緣，容易跟已經相識的人突然走在一起，但大多緣盡即止。至於其他如倒插桃花、桃花煞等則比較少用，但讀者亦可研究其準確性，看哪個方法自己用得最得心應手。

至於桃花的用法，如命中帶桃花，位置在年月則青少年時桃花重，在日時則中晚年時桃花重。命帶桃花，亦代表人緣佳，尤其是那些從事經常要接觸陌生人的工作，就更容易得到客戶的認同。如大運為桃花，代表那個大運中的桃花較重；如流年桃花，就代表那一年桃花較重。故如命與大運皆不帶桃花，只是遇上流年桃花，則機會往往很易錯過。

凶星

一、亡神、劫煞（又稱「官符」、「大煞」）

年支	寅午戌	亥卯未	申子辰	巳酉丑
六神	巳	寅	亥	申
劫煞	亥	申	巳	寅

劫煞者，自外劫之，六神者，自內失之。

二、孤神、寡宿

年支	子	丑	寅	卯	辰	巳	午	未	申	酉	戌	亥
孤神	寅	寅	巳	巳	巳	申	申	申	亥	亥	亥	寅
寡宿	戌	戌	丑	丑	丑	辰	辰	辰	未	未	未	戌

三、喪門、吊客

年支——子丑寅卯辰巳午未申酉戌亥
喪門——寅卯辰巳午未申酉戌亥子丑
吊客——戌亥子丑寅卯辰巳午未申酉

孤辰、寡宿、喪門、吊客聚於一宮者其力較大，否則力輕無用。這四星同為孤星。如在年，則祖上無緣；在月，則父母兄弟無緣；在日，夫妻無緣；在時，子媳無緣。

四、天羅地網

辰為天羅，戌為地網。
天羅地網重疊，一生多災。

五、陰陽差錯煞——十二日

丙子　丁丑　戊寅　辛卯　壬辰　癸巳
丙午　丁未　戊申　辛酉　壬戌　癸亥

女子逢之，公姑寡合，妯娌不是，夫家冷退。男子逢之，主退外家，亦與妻家是非寡合。

六、三煞——劫煞、災煞、庫煞

日支——寅午戌　亥卯未　申子辰　巳酉丑

年支——亥子丑　申酉卯　巳午未　寅卯辰

如命中、大運、流年三煞會齊，凶者，損傷凶禍。

七、元辰

陽男陰女——子丑寅卯辰巳午未申酉戌亥

　　　　　　未申酉戌亥子丑寅卯辰巳午

陰男陽女——子丑寅卯辰巳午未申酉戌亥

　　　　　　巳午未申酉戌亥子丑寅卯辰

元辰又名「大耗」，但與每年沖太歲之位又為大耗出現矛盾。因古時神煞甚多，早於漢朝已有之，所以即使是同一神煞，歷代亦會出現不同的名稱或不同的計法，多不勝數。故此，近代人早已棄之不用，但當中還是有一些是有用的，要靠自己去蕪存菁。

八、孤鸞——八日

日柱——乙巳　丁巳　辛亥　戊申　甲寅　戊午　壬子　丙午

如日時重犯為重。

書云：「木火蛇無婿，金豬豈有郎，赤黃馬獨臥，黑鼠守空房，土猴無伴侶，木虎正霜居。」

又云：「三十四年未娶妻，夜眠縮腳到雞啼，只因命帶孤鸞煞，妻也遲時子也遲。」

九、十惡大敗——十日

甲辰乙巳與壬申，丙申丁亥及庚辰，戊戌癸亥加辛巳，己丑多來十位神。邦國用兵須大忌，龍蛇出穴也難伸，人命若遇逢此日，倉庫金銀化作塵。

從以上資料可知，六十甲子每日都有一個或多個不同的名稱，時而吉，時而凶，不一而足。再寫下去的話，神煞到底有多少種我亦未有正式統計過。事實上，以上資料只供讀者參考。而我常用的神煞，只有「紅鸞」、「天喜」、「沐浴」、「咸池」、「紅艷」、「驛馬」、「天乙貴人」、「天德」、「乙德」而已。

第十六章 六親表

男命六神所屬六親

六親	日干的	甲	丙	戊	庚	壬
兄弟	比肩	甲	丙	戊	庚	壬
姊妹	劫財	乙	丁	己	辛	癸
女婿	食神	丙	戊	庚	壬	甲
祖母	傷官	丁	己	辛	癸	乙
妻子	正財	己	辛	癸	乙	丁
父親	偏財	戊	庚	壬	甲	丙
女兒	正官	辛	癸	乙	丁	己
兒子	七殺	庚	壬	甲	丙	戊
母親	正印	癸	乙	丁	己	辛
祖父	偏印	壬	甲	丙	戊	庚

女命六神所屬六親

六親	日干的	乙	丁	己	辛	癸
姊妹	比肩	乙	丁	己	辛	癸
公，兄弟	劫財	甲	丙	戊	庚	壬
女兒，祖母	食神	丁	己	辛	癸	乙
兒子	傷官	丙	戊	庚	壬	甲
父親	正財	戊	庚	壬	甲	丙
婆	偏財	己	辛	癸	乙	丁
丈夫	正官	庚	壬	甲	丙	戊
兒媳	七殺	辛	癸	乙	丁	己
祖父	正印	壬	甲	丙	戊	庚
母親	偏印	癸	乙	丁	己	辛

其實看六親不一定用以上之法，如男命正財為妻，偏財為父，但其實不論正財偏財皆為妻為父。命中為喜者，則妻父皆有助力；命中為忌者，則妻父皆無助力。

又如女命正官為夫，七殺為兒媳，其實不論官者殺者皆以夫論。

現在把看六親的方法分述如下，又看六親要分宮位與六神之代表。

宮位

年 XX 看祖上
月 XX 看父母兄弟
日 XX 看夫妻
時 XX 看子女

如年柱為用神則祖上有助力。

月柱為用神則父母兄弟易有助力。

日支為用神則異性有助力。

時柱為用神則子媳有助力。

六神

正財偏財——代表父親及男命的妻。
官殺——代表女命的丈夫。
正印偏印——代表母親。
比劫——代表兄弟朋友。
食傷——代表子女、晚輩、下屬。
只要仔細分析宮位及六神，便能得出命中身邊之親朋下屬為喜為忌。
如女命以官殺為忌則夫無助力。
男命以財為忌則妻無助力、父無助力。
食傷為忌則下屬不得力。
印為忌則長輩、上司、母親無助力。
如看宮位時能加以配命，自能運用自如。

看疾病

甲頭乙項丙肩求，丁心戊肢己屬脾，庚係人臍辛為股，壬脛癸足自來求。子疝氣，丑肚腹，寅肩肢，卯目手，辰足胸，巳面齒，午心腹，未脾胸，申咳疾，酉肝肺，戌背肺，亥頭肝，肝乃腎家苗，腎乃肝之主，腎通於眼，膽藏魂，肝藏魄，腎藏精，心藏神，脾藏氣。

「木」命見庚辛申酉多者，肝膽病，內則驚精虛怯，癆瘵嘔血，頭眩，目昏，疾喘，頭風足氣，左癱，右瘓，口眼歪斜，風症，筋骨疼痛，外則皮膚乾燥，眼目之疾，髮鬢疏少，顛撲手足，損傷之患。女主墮胎，血氣不足，小兒急慢驚風，夜啼咳嗽。經云：「筋骨疼痛，蓋因木被金傷。」

「火」命見水及亥子旺地，主小腸心驚之患，內則顛啞，口心疼痛，急慢驚風，禿口口啞，潮熱發狂，外則，眼暗失眠，小腸腎氣，瘡毒膿血，小兒痘疹癬瘡，婦女乾血淋漓，火主燥，面色紅赤，經云：「眼暗目昏，多是火遭水剋。」

「土」命見木及寅卯旺鄉，主膽胃經受傷，內主餟胃，氣噎蠱脹，洩瀉黃腫，不能飲食，而吃物揀擇，嘔吐胃傷，外則左手口腹有疾，皮膚燥澀，「小兒」疳積脾黃、土主溫多淹滯，面色萎黃，經曰：「土虛承木旺之鄉，脾傷定論。」

「金」命見火及巳午旺處，主大腸肺經受病，咳嗽喘吐，腸風痔漏，鬿魅失魍，勞怯之症，外則皮膚枯燥，瘋鼻赤疽癰背膿血之咎，經曰：「金若遇火炎之地，血疾無疑。」

「水」命見土及四季旺月，主膀胱，腎經受病，內則遺精白濁，盜汗鬼交，虛損耳聾，傷寒感冒，外則牙痛疝氣，偏墜腰痛，腎氣淋瀝，吐瀉疼痛諸病。女人主胎崩白帶，水主寒，面色赤黧黑，經云：「下玄冷疾，只緣水值土傷。」

五行和者，一生無災，血氣亂者，平生多疾，忌神入五藏而病凶，客神游六經，而災小，「木」不受水者，主血災；「土」不受火者，主氣傷。「金」水傷官，寒則冷咳，熱則痰火，「火」土印綬，熱則風痰，燥則皮痒，論痰多火木，生毒鬱火金，金水枯傷，而腎經虛，火土相勝，而脾胃洩。水繁不制，病生於膀胱；金繁不化，疾在於喉舌。

金日被火木剋泄太過，或四柱火旺金衰，主人易染血病或腸病，如咳嗽，多痰，肺癆，痔漏腸癆等。

火日被水、金、土剋泄太過，或四柱火弱水旺，主染血病，膿血，或腎病，眼病……如腥紅熱，貧血症，遺精，腿病……婦女主染癸水不調——月經病。

木日被金、火、土剋泄太過，或四柱金旺木衰，主染筋骨病，或四肢殘傷，或者年筋骨痛，又主染咳嗽，肺癆等。

土日被木金水剋泄太過，或四柱木旺土衰，主染胃病，如消化不良，食量不健等。

水日被土木剋泄太過，或四柱土旺水衰，主染腎病，腦病，腿病，如遺精，頭痛，眼病……小兒主染腦膜炎——頭風，婦女主染日信病，經來腹痛，月經少等。

註：因我們是算命的，故沒有中醫看疾病般仔細。事實上，我們只需熟記五行所代表的部位即可。

金——肺，大腸，骨。
木——肝，膽，四肢。
水——腎，膀胱，泌尿系統。
火——心，小腸，眼，皮膚
土——腹部，子宮，脾胃

我們斷命時，五行過弱、過旺、交戰皆代表該部位容易出現問題。如金木交戰則肝膽肺骨易生毛病，水火交戰則心腎不和、土土交戰則脾胃不佳。

蘇民峰玄學錦囊 八字論命

作者

蘇民峰

編輯

吳惠芳

攝影

歐陽邦達

美術設計

蚊

出版者

圓方出版社

香港北角英皇道499號北角工業大廈20樓

電話：2564 7511

傳真：2565 5539

電郵：info@wanlibk.com

網址：http://www.wanlibk.com

http://www.facebook.com/wanlibk

發行者

香港聯合書刊物流有限公司

香港荃灣德士古道220-248號荃灣工業中心16樓

電話：2150 2100

傳真：2407 3062

電郵：info@suplogistics.com.hk

承印者

中華商務彩色印刷有限公司

香港新界大埔汀麗路36號

規格

32開(216mm X 143mm)

出版日期

二OO九年四月第一次印刷

二O二四年二月第六次印刷

Published in Hong Kong, China by Forms Publications,

a division of Wan Li Book Company Limited.

ISBN 978-988-8295-20-3

蘇民峰作品集

風水

- 《風水謬誤與基本知識》
- 《家宅風水基本法（增訂版）》
- 《如何選擇風水屋》
- 《風水天書（第七版）》
- 《風生水起 理氣篇》
- 《風生水起 巒頭篇》
- 《風生水起 例證篇》
- 《風生水起 商業篇》
- 《生活風水點滴》
- *Feng Shui Guide for Daily Life*
- *A Complete Guide to Feng Shui*
- *Feng Shui —— A Key to Prosperous Business*

八字

- 《八字萬年曆（增訂版）》
- 《八字入門 捉用神（第六版）》
- 《八字筆記壹》
- 《八字筆記貳》
- 《八字進階論格局看行運（第二版）》
- 《八字論命（第六版）》
- 《八字‧萬年曆》
- 《八字秘法》

姓名學

- 《玄學錦囊 姓名篇（新修版）》
- 《簡易改名法》

相學

- 《玄學錦囊 相掌篇（增訂版）》
- 《中國掌相》
- 《觀掌知心 入門篇》
- 《觀掌知心 掌丘掌紋篇》
- 《觀掌知心 掌紋續篇》
- 《實用面相》
- 《觀相知人》
- 《相學全集（卷一至卷四）》
- 《談情說相》
- *Essential Palm Reading*
- *Practical Face Reading and Palmistry*

其他

- 《峰狂遊世界》
- 《瘋蘇Blog Blog趣》
- 《蘇民峰美食遊蹤》
- 《師傅開飯》

MASTERSO.COM
蘇民峰命理風水網站
Welcome to the MASTERSO.COM
主頁
蘇民峰天地
命理廣場
玄學教室
風水廣場
改名廣場
出版刊物
每日宜忌
網上問答
歡迎光臨
蘇民峰命理風水網站
Your fate in 2021
會員登入
新會員登記
更新項目
運
每月生肖運程
新曆8月7日至9月7日
風
每月風水貼士
新曆8月7日至9月7日